DEMMLER VERLAG

Der Hiddenseer Fischkutter ALMA (VIT-009) im Vitter Bodden, einer der Letzten seiner Art. Fotografiert am 6. Juli 2018 von Bord des Fahrgastschiffes HANSESTADT STRALSUND.

Claus Rothe

Die GESCHICHTE der

HIDDENSEE-SCHIFFFAHRT

Mit Segel, Dampf und Diesel
zur Insel Hiddensee und Halbinsel Wittow

DEMMLER VERLAG

Trotz gewissenhafter Bearbeitung kann eine Haftung für den Inhalt nicht übernommen werden. Für aktuelle Ergänzungen und Anregungen ist der Verlag jederzeit dankbar. Wir bedanken uns bei allen, die uns unterstützt haben.

Impressum

An der Bäderstraße 7c, 18311 Ribnitz-Damgarten
Tel.: 03821 / 425514-0, Fax: 03821 / 425514-2
www.demmlerverlag.de

Wenn nicht anders angegeben, sind alle hier gezeigten Zeitungsausschnitte aus der Stralsundischen Zeitung.

Titelbilder:	oben: Sammlung Claus Rothe, unten: Heino Sehlmann
Satz, Layout & Umschlaggestaltung:	Sibylle Senftleben, Verlag ***grünes herz***®
Schrift:	Minion Pro
Fotos:	Alle Fotografien ohne Angabe des Fotografen stammen aus dem privaten Archiv des Autors.
Druck:	Florjančič tisk d.o.o., Maribor

1. Auflage 2021

ISBN 978-3-944102-32-0

Inhaltsverzeichnis

Entwicklung der Fahrgastschifffahrt
zur Insel Hiddensee und Halbinsel Wittow 9
Postsegler und Postdampfer auf der Linie Stralsund–Ystad (Schweden) 9
Der Seitenraddampfer STRALSUND 1841 bis 1859
Das erste Stralsunder Dampfschiff 17
Postdampferlinie von Stralsund nach Malmö von 1867 bis 1896 21
Das Wittower Posthaus 25
Eisenbahnfähren zwischen Stralsund und Altefähr auf Rügen ab 1883 26
Ziegelgrabenbrücke und Rügendamm 30
Ende der Fährlinien Glewitz–Stahlbrode und Stralsund–Altefähr 34
Die Fährlinie Wittow–Fährhof 37
Der Dampfer RÜGEN (I) Baujahr 1858 43
Abenteuerliche Schiffsreise nach Hiddensee mit Schülern des
Stralsunder Gymnasiums im Juli 1860 – Die Hiddensee'r Jubelfahrt 45
Die ersten Extrafahrten nach Hiddensee
mit Dampfern ab Stralsund und Rügen 51
Reise des Lehrervereins der Halbinsel Wittow
mit einem Segelboot nach Hiddensee 1883 54
Der Seitenraddampfer HERTHA 1883
Erster Liniendampfer zwischen Stralsund, Breege und Hiddensee 55
Seitenraddampfer GERMANIA (I) machte 1887 in Kloster fest 58
Dampfer CAPRIVI legt ab 1896 regelmäßig in Kloster an 60
Dampfer VORWÄRTS 63
Dampfer HEBE 67
Dampfer KÄTE 69
Der zweite Dampfer der Stralsunder Reederei C. A. Beug
mit dem Namen GERMANIA 73
Die Entwicklung des Tourismus auf Hiddensee im 19. Jahrhundert 76
Der ehemalige Binnenschlepper KAMA als Ferienunterkunft in Neuendorf 80
Leuchttürme und Feuer, Helfer der Seefahrer
und bekannte Wahrzeichen der Inseln Rügen und Hiddensee 82
Die Motorboote des Unternehmens Büsson und Bau des ersten Anlegers
in Neuendorf 1905 87
Gründung der Reederei von August Prätz 1906 und
Dampfer STRELASUND (I) 89
Kurzes Gastspiel des Dampfers DEUTSCHLAND, 1914 92
Dampfer FALKE, ex DITMARSIA 95
Die Jahre von 1914 bis 1919 98
Ende der Reederei Wothke und Gründung der Genossenschaftsreederei
Hiddensee 1919 – Die Dampfer CAPRIVI und SWANTI 99

Die DSF im im Hafen von Stralsund 1979, Foto: Claus Rothe

Die Schiffe der Reederei Hermann Alwert, Stralsund, Inh. Joh. Alwert aus Wiek (Rügen) – HERMANN THEODOR, HEIMAT und NAUTILUS 119
Die Dampfer AUGUST und ANNA der Reederei A. C. Hansen 128
Dampfer HIDDENSEE (I), ex JOHANN SCHWEFFEL 131
Die Dampfer HIDDENSEE (II) ex JASENITZ von 1894 und HANSA der Reederei August Prätz, Stralsund 133
Von Lietzow nach Hiddensee und Stralsund mit den Schiffen GÖHREN, IREENE LAAK und LORELEY 137
Der Dampfer LIEBE, ein ehemaliger Eisbrecher aus Danzig 142
Das Motorschiff INSEL HIDDENSEE 1935 der zweite Neubau der Hiddenseer Genossenschaftsreederei 147
Motorschiff DORNBUSCH (I) von 1937 letzter Neubau vor dem Zweiten Weltkrieg 154
Gästefahrten mit den Neuendorfer Stadtbooten (Partiebooten) SEEHUND und LACHS in den 1930er-Jahren und Andere 157
Einige historische Aufnahmen von Segelbooten aus der Region Rügen 162
Das Sächsische Kinderheim in Wiek auf Rügen oder die „Weiße Kinderstadt am Bodden“ 165
Neubeginn nach dem Zweiten Weltkrieg und die DSU 170
Noch einige Ausflugsschiffe der 1950er-Jahre 181
Eine Auswahl der sogenannten „Postboote“ 187
Gründung des VEB Fahrgastschiffahrt „Weiße Flotte“, Sitz Stralsund, 1957 192
Einsatz der Frachter JOHANNA und HOFFNUNG und der Fährschubeinheit RASSOW-LIBBEN 204
Gründung Weiße Flotte „Ostsee“ GmbH, Stralsund 209
Gründung der Reederei Kipp, Breege 1991 221
Eine Auswahl Schiffe aus dem Raum Fischland–Darß–Zingst 227
- Motorschiff SUNDEVIT (II) 227
- Motorschiff AHRENSHOOP 228
- Motorschiff SUNDEVIT (I) 229
- Motorschiff OSTSEEBAD ZINGST 230
- Motorschiff SCHAPRODE (II) 231

Fracht- und Passagierdampfer STEPHAN 232

Der Autor dankt folgenden Personen und Institutionen 235
Verwendete Abkürzungen und Erläuterungen 236
Quellenverzeichnis / Literaturverzeichnis 237
Verzeichnis der Schiffsnamen 241

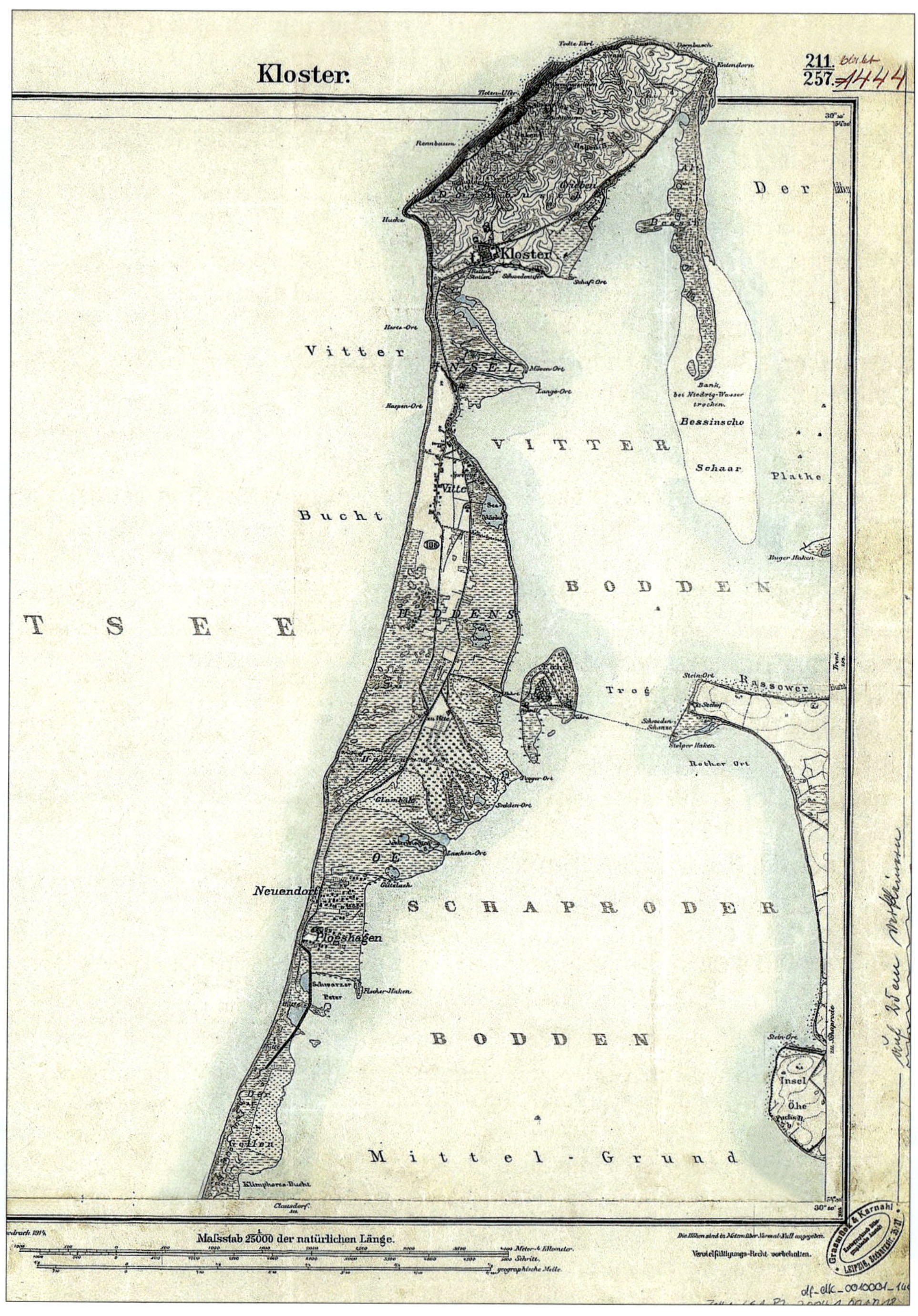

Meßtischblatt der Insel Hiddensee von 1914, Deutsche Fotothek Dresden (Veröffentlichung mit freundlicher Genehmigung)

Mit Segel, Dampf und Diesel

Entwicklung der Fahrgastschifffahrt zur Insel Hiddensee und Halbinsel Wittow

Diese Arbeit ist eine Zusammenstellung der Geschichte der Fahrgastschifffahrt in der Region Hiddensee–Rügen–Stralsund in loser chronologischer Reihenfolge. Im Gegensatz zu den viel beschriebenen Geschichten über die Naturschönheiten oder verschiedene Persönlichkeiten, die die Berichterstattung über die Insel Hiddensee bestimmten, soll hier ein besonderes Augenmerk auf die Schiffe, ihre Besatzung und die Bewohner der Insel gelegt werden.

Nicht alle in der Region Hiddensee und Rügen eingesetzten Schiffe können umfassend beschrieben werden. Einige kamen in den Anfangsjahren oft nur kurzfristig für Extra- oder Sonderfahrten zum Einsatz, oft sind nur deren Namen bekannt, nähere Angaben oder Abbildungen fehlen. Auch bei den technischen Daten sind oft nur die wichtigsten Angaben veröffentlicht. Bei der Bildauswahl erhielten bisher noch nicht veröffentlichte oder besonders interessante Aufnahmen den Vorrang.

Postsegler und Postdampfer auf der Linie Stralsund–Ystad (Schweden)

Eine Schiffsverbindung zwischen Stralsund und dem schwedischen Hafen Ystad ist bereits seit 1663 bekannt. Zum Einsatz kam 1664 ein schwedisches Kriegsschiff, die LILLA JÄGAREN. Auf dieser Linie verkehrte ab 1683/84 unter anderem die Galeasse POSTHORNET. Der Stralsunder Schiffbaumeister Carl Cornelius erhielt 1684 von der schwedischen Post den Auftrag zum Bau zwei neuer Postjachten. Ein Jahr später wurde bei Carl Cornelius auch das kleine Paketboot DELPHIN gebaut. Heute am bekanntesten ist der schwedische Postsegler HIORTEN (schwedisch für Hirsch), der 1692 in Dienst gestellt wurde. Die schwedische Post verewigte den Segler 1936, zusammen mit dem 1824 in Dienst gestellten ersten Postdampfer auf dieser Linie, der schwedischen CONSTITUTION auf einer Briefmarke (300 Jahre Schwedische Post). Auch die Deutsche Bundespost würdigte den alten Segler HIORTEN mit einer Grafik von Hilmar Zill zum Tag der Briefmarke im Oktober 1998.

Schwedisches Postschiff HIORTEN *um 1720*

Schwedische Briefmarken mit dem Postsegler HIORTEN *(20 Öre) und dem Raddampfer* CONSTITUTION *(25 Öre)*

Neben der Beförderung von Postgütern, dienten sie auch dem Personenverkehr. Von Ystad kommend, benutzten die Postjachten in Richtung Stralsund die Libben-Einfahrt zwischen Rügen und Hiddensee. Auf der sicher recht langen und wenig bequemen Überfahrt gab es eine Zwischenstation am ehemaligen, 1685 erbauten Wittower Posthaus, an der Südspitze der Halbinsel Bug. Die Passagiere konnten hier das Schiff verlassen und den Rest des Weges an Land zurücklegen. Dafür stand ein Fuhrwerk bereit, das auch einen Teil der Post übernahm. Eine nochmalige kurze „Seereise“ zwischen Altefähr (Rügen) und Stralsund, war jedoch zu jener Zeit nicht zu umgehen. Den Rügendamm als feste Landverbindung gab es damals noch nicht. Im Hafen Stralsund befand sich der Liegeplatz der Postschiffe an der Ballastkiste, der verlängerten Fährbrücke. Aus dem Jahr 1720 ist überliefert, dass die Postjachten in der Regel über eine Kajüte für etwa sechs Personen verfügten. Es gab sowohl Sitz- als auch Liegeplätze. Weiterhin war ein sogenannter Saal für zwölf und mehr Personen vorhanden. Um den Mast herum war Platz für vier bis sechs Pferde. Die Besatzung bestand aus dem Schiffer, einem Steuermann, zwei Bootsleuten und einem Schiffsjungen. Zur Zeit der Besetzung Stralsunds durch napoleonische Truppen mussten die Postjachten für Kriegszwecke herhalten. Für das Jahr 1810 wird zum Beispiel die Paketjacht Prinz Carl erwähnt. Sie fuhr mit Großsegel, Fock, Klüver, Jager und Driewer. Die Postjacht Snappup war mit vier Kanonen ausgerüstet.

Im Juni 1815 endete die Zeit unter schwedischer Hoheit, auch für Rügen, Hiddensee und Stralsund. Schwedisch-Vorpommern wurde auf Beschluss des Wiener Kongresses preußisch.

Auf der Linie Stralsund – Ystad verkehrten ab 1818 zusätzlich zwei Paketboote. Die für die Passagiere unbequemen und langsamen Segler wurden von den neu aufkommenden Dampfschiffen verdrängt. Diese Fahrzeuge waren viel weniger vom Wetter abhängig und ermöglichten es, fortan nach geregeltem Fahrplan zu verkehren. Laut dem schwedisch-preußischen Postvertrag vom 1. März 1821 mussten beide Staaten jeweils ein Postdampfschiff auf dieser Linie im Einsatz haben und gleichzeitig für ein Reserveschiff Sorge tragen – der in Karlskrona, auf der Königlichen Schwedischen Werft, erbaute hölzerne schwedische Seitenraddampfer Constitution hatte eine Länge von 90 Fuß (28,8 m) und wurde von einer 55 PS starken Dampfmaschine angetrieben. Am 1. Mai 1824 lief der schwedische Postdampfer ein. Es soll das erste Dampfschiff gewesen sein, welches im Hafen von Stralsund festmachte. Preußen brachte zur gleichen Zeit den ebenfalls in Schweden erbauten Seitenraddampfer Der Adler (etwa 50 PS) auf dieser Linie zum Einsatz. Mit diesen beiden Schiffen war es erstmals möglich, den Liniendienst nach einem festgelegten Fahrplan durchzuführen. Bei Eisgang konnten die beiden Seitenraddampfer nicht eingesetzt werden. Dafür wurden von Preußen und Schweden weiterhin Postjachten genutzt. Preußen setzte dafür die Königlich Preußische Postjacht Kronprinz von Preussen und Schweden die Königlich Schwedischen Postjachten Constitution und Troheten ein. Benötigten die Postsegeljachten für eine Überfahrt noch ein bis zwei Tage, schafften es die Dampfer in etwa elf bis vierzehn Stunden.

Stralſund, den 2. May 1822.
Mit der Königl. Preußiſchen Poſt=Jacht
Kronprinz von Preuſsen
ſind heute von Yſtad hier angekommen:
Herr Ekelund, Kaufmann.

Mit der Königl. Schwediſchen Poſt=Jacht Troheten
ſind heute von hier nach Yſtad abgegangen:
Se. Excellenz der Königl. Baierſche erſte Kämmerer, wirkliche Geheime Rath, Commandeur und Ritter Herr Freiherr v. Böhnen.
Herr Cantzler, Großhändler.

Stralſund, den 6. May 1822.
Mit der Königl. Schwed. Poſtjacht Constitution
ſind heute von hier nach Yſtad abgegangen:
Herr Major Graf v. Engeſtröm.
Herr Legations=Rath v. Arnim.

Anzeige aus der Stralsundischen Zeitung vom 7. Mai 1822

Beide Schiffe hatten zwar nur einen geringen Tiefgang, dennoch kam es wiederholt zu Grundberührungen oder sie liefen völlig fest. Bei extremem Niedrigwasser konnten sie zeitweilig überhaupt nicht auslaufen. Diese Probleme traten vor allem im Stralsunder Fahrwasser auf. Ein Übel, das schon aus Aufzeichnungen zur Zeit der Hanse bekannt ist. Ohne regelmäßige, gründliche Baggerarbeiten war der Schiffsverkehr in diesem Fahrwasser in keiner Zeit realisierbar. Die Beschaffenheit der Schifffahrtswege von Stralsund zur offenen See hat bis in die heutige Zeit eine besondere Bedeutung. Zwei dieser Wege sollen hier hervorgehoben werden: in Richtung Norden durch den Libben zwischen Hiddensee und der Halbinsel Bug und in westlicher Richtung durch das Gellenfahrwasser (Mühlen Tief) bei Barhöft (Vierendel Strom) zwischen dem Bock und der Südspitze Hiddensees.

Kartenausschnitt von 1912, Druck & Verlag Emil Berndt

Bereits ab dem 11. September 1826 wurde die Postdampfer-Linie nach Wieck bei Greifswald verlegt, weil erneut gründliche Baggerarbeiten im Stralsunder Fahrwasser notwendig waren. Im Jahr 1828 beauftragte das preußische General-Postamt eine Stettiner Werft zum Bau des Schoners Friedrich Wilhelm als Reserveschiff. Nach einigen notwendigen Umbauarbeiten kam auch dieser Segler für Fahrten zwischen Stralsund und Ystad zum Einsatz. Die Dampfer Constitution und Der Adler zeigten sich schon nach wenigen Jahren den Anforderungen nicht mehr gewachsen. An ihrer Stelle wurde 1830 ein größeres Dampfschiff in Dienst gestellt. Für seine Anschaffung und Unterhaltung war Schweden zuständig. Preußen zahlte dafür an Schweden eine jährliche Vergütung von 9000 Talern. Zu den Schiffen, die später auf dieser Linie im Einsatz waren, gehörte der von Ditchburn und Mare in Blackwall bei London gebaute preußische Postdampfer Königin Elisabeth unter Kapitän Klickow. Dieser 250 Tonnen Dampfer verfügte über zwei Dampfmaschinen von jeweils 50 PS, erreichte eine Geschwindigkeit von etwa zehn Knoten, hatte eine Länge von 135 Fuß (41,10 m) und zwischen den Radkästen war er etwa sechs Meter breit. Im Unterhaltungsblatt für Neu- und Vorpommern „Sundine" vom 1. September 1841 wurde ausführlich über die Probefahrt des Seitenraddampfers berichtet.

Preußisches Postdampfschiff Königin Elisabeth von 1840, Postkarte des ReichsPostmuseum Berlin

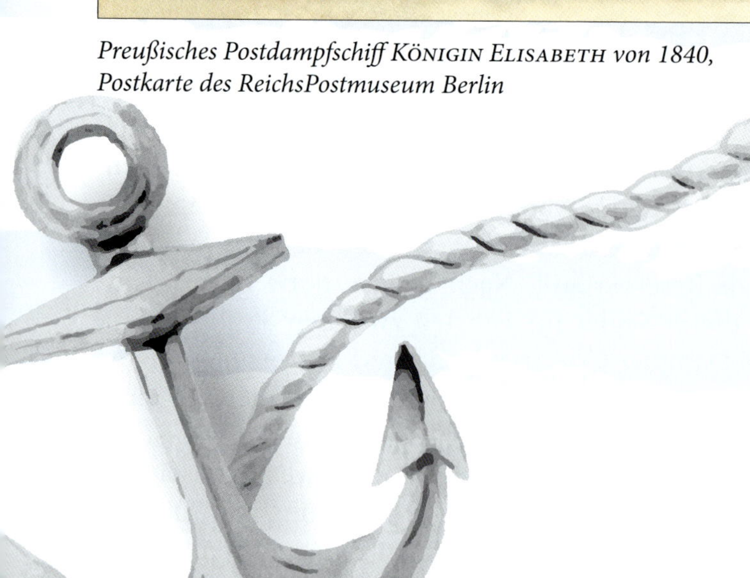

Titelseite einer Ausgabe der „Sundine"

„In den Nachmittagsstunden des 6. August d. J. bemerkte man in der Nähe derjenigen Stelle des Stralsunder Hafenbollwerks, wo die Königl. Preußischen und Schwedischen Dampfschiffe anlegen, eine außergewöhnliche Lebendigkeit. Am Abend vorher war das Große, in England neugebaute Königl. Preußische Dampfschiff „Königin Elisabeth" (zum Teil durch einen kühnen Sprung über einen Hafenpfahl) durch den Baum eingelaufen. Der geringe Schaden war bald ausgebessert, das Schiff in hohem Auftrage von Sachverständigen Beamten besichtigt und übernommen; jedoch sollte es – ohne Prüfung und Probeablegung kommt ja jetzt Niemand in einen Dienst – vor dem Antreten seiner regelmäßigen Fahrten zwischen Stralsund und Ystad und von jetzt an auch zwischen Stralsund und Kopenhagen, erst eine Probefahrt bestehen. Zu dem Ende hatte sich schon am 4. D. M. Abends Herr Geheimer Rat S. von Berlin, begleitet theils von Sachverständigen, theils von einigen Berliner und Greifswalder Freunden, hier eingefunden, wo sich ebenfalls einige Sachverständige anschlossen, denen sich noch mehrere Reiselustige, in Folge freundlichst gewährter Erlaubnis, bereitstellten. Außer der ziemlich zahlreichen Schiffsbesatzung nahm die geräumige „Königin Elisabeth" auf diese Weise über 40 Passagiere auf. Dichtgedrängte Zuschauerschaaren standen am Bollwerk und auf den Hafenbrücken; zwischen 5 und 6 Uhr ward das Schiff langsam und vorsichtig ins Freie gebracht; um 6 Uhr begann die meisterhafte Doppel-

Maschine mit ihrer Hundertpferdekraft zu arbeiten. Pfeilschnell eilten die rügenschen und pommerschen Gestade den Blicken der wohlgemuten Reisegesellschaft vorüber; ohne das geringste Hindernis ward der Trog ohne Lotsen durchlaufen – der wackre Captain K. sammt seinem rüstigen Steuermann H. kennt das Fahrwasser aufs genaueste –; Der Dornbusch und Arkona lagen bald südlich: das letzte Leuchtfeuer zeigte sich bei einbrechender Dunkelheit als gewaltiger Stern am südlichen Gesichtskreise.“ (Originaltext unverändert)

Der wackre Captain K. war kein anderer als Kapitän Klickow, der schon den Seitenraddampfer Der Adler führte.
Für die Strecke von Stralsund nach Ystad benötigte die Königin Elisabeth neun bis zehn Stunden. Unter dem Kommando von Marine-Captain Ramsten setzte Schweden den Postdampfer Der Löwe ein. Im April 1841 wurde wieder Stralsund der Ausgangshafen für den Liniendienst nach Schweden, durch den Libben zwischen Hiddensee und der Halbinsel Bug. Das Fahrwasser war inzwischen ausreichend ausgetieft. Am 26. April 1841 gab das Königliche Postamt bekannt, das vom 29. April bis zum 24. Oktober regelmäßig jeden Sonntag und Donnerstagmittag ein Dampfschiff von Stralsund nach Ystad abfährt und jeden Montag und Freitag ein solches von Ystad nach Stralsund ablegt. *„Der Tarif für die nach Ystad zu befördernden Personen und Sachen ist zu Jedermanns Einsicht im Posthause ausgehängt. Das Publikum wolle hiermit Kenntniss nehmen. Stralsund den 26. April 1841“.* Zum Einsatz kamen der preußische Dampfer Königin Elisabeth und der schwedische Dampfer Lenjoned. Schweden setzte ab August 1841 zusätzlich noch den Postdampfer Motala ein. Unter dem Kommando von Marine-Capt. Gosselmann machte der Dampfer, von Ystad kommend, am 5. August 1841 mit fünfzehn Passagieren in Stralsund fest und dampfte am 8. August nach Ystad zurück.

Stralsund, den 28. Juli 1842.
Mit dem Königl. Pr. Post-Dampfschiffe Königin Elisabeth, Führer: Capt. Klickow, sind heute von hier abgegangen:
A. Nach Kopenhagen:
Hr. Böttchermeister Essing. Hr. H. Koch. Hr. Dr. Falk nebst Frau. Hr. Partikulier v. Schaevenbach. Hr. Partikulier v. Knobelsdorf. Hr. Capt. Simonsen. Hr. Gutsbesitzer Lüddemann nebst Frau und 2 Kindern. Hr. Graf Hamilton. Frau Gräfin Hamilton. Hr. Dr. A. Bosen. Hr. F. v. Syßkind. Hr. A. Hoffmann. Hr. Oeconom Truels Weil.
B. Nach Ystad:
Hr. Graf Wachtmeister. Hr. Schönfärber Davidson. Die Kunstdrechsler A. Nathan u. A. Rister.

Ein Zeitungsausschnitt zur Abfahrt der Königin Elisabeth vom 28. Juli 1842

Im Laufe der Jahre wurde die Verbindung täglich angeboten. Außer zum schwedischen Hafen Ystad, nahm die Königin Elisabeth ab 1842 von Stralsund aus auch Kurs auf den dänischen Hafen Kopenhagen.

Im Juni 1845 begleitete Alexander von Humboldt den König von Preußen Friedrich Wilhelm IV mit dem Postdampfschiff Königin Elisabeth nach Kopenhagen.

Der Einsatz von Postschiffen nach Schweden und Dänemark wurde nach Ausbruch des Krieges zwischen dem Deutschen Bund und Dänemark 1848 eingestellt. Den Dienst zwischen Ystad und Stralsund übernahm nun allein der schwedische Postdampfer Svenska Lenjoned. Der preußische Postdampfer Königin Elisabeth wurde der Marine unterstellt, armiert und mit Kanonen bestückt.

Der Seitenraddampfer Stralsund 1841 bis 1859, das erste Stralsunder Dampfschiff

Reeder und Kaufleute der ehrwürdigen Hansestadt am Strelasund gründeten am 1. Juni 1840 für die Stadt Stralsund einen Dampfschifffahrts-Verein. Auch verschiedene benachbarte Häfen waren darin eingeschlossen. Noch war es die Zeit der Segelschiffe und die waren den Launen des Windes ausgesetzt. Ein Schlepper sollte hier Abhilfe schaffen.

Der Verein gab am 26. Oktober 1840 den Auftrag für den Bau eines Dampfbugsierschiff an die Schiffbaumeister A. & R. Hoppes nach Newcastle an der Tyne und den Maschinenbaumeister John Dunn Marshall, South-Shields (England). Getauft auf den Namen STRALSUND, lief der Dampfer am 8. Februar 1841 vom Stapel. Mit einer Stralsunder Besatzung und einem auf drei Monate verpflichteten englischen Maschinenmeister verließ das Schiff am 19. Mai 1841 Newcastle mit Kurs Heimathafen. Der Seitenraddampfer STRALSUND erreichte am Vormittag des 24. Mai 1841 seinen Heimathafen. Die erste Fahrt mit Passagieren begann am 31. Mai 1841 um 6 Uhr in Stralsund, führte nach Putbus (Hafen

Das neue, gekupferte
Dampf-Schiff Stralsund
mit 55 Pferde-Kraft in
2 Maschinen

geht am 30sten und auch am 31sten Mai, Morgens 6 Uhr, hier von der Fährbrücke nach Lauterbach bei Putbus und jedesmal Abends 6 Uhr wieder von Lauterbach hieher zurück.

Das Passagiergeld ist für die Hin-Reise 15 Sgr. und 2½ Sgr. Mannschaftsgeld; für die Rückreise desselben Tages zahlt dieselbe Person nur 7½ Sgr. Kinder zahlen die Hälfte.

Näheres ist zu erfragen und Passagier-Karten sind bis heute Nachmittag sechs Uhr zu haben bei dem Kassenführer des Vereins Litt. C. No. 244.

In Putbus hat Herr Lumme es vorläufig übernommen Auskunft zu ertheilen.

Stralsund, den 29. Mai 1841.

Die Bevollmächtigten des Dampfschifffahrt-Vereins für Stralsund und die benachbarten Häfen.

A. T. Kruse. A. G. von Ranzow.
J. J. Burmeister.

Anzeige vom 29. Mai 1841 aus der „Sundine"

Lauterbach) und endete gegen 21 Uhr wiederum in Stralsund. Bis Ende Juni 1841 machte der kleine Seitenraddampfer 18 Tagesfahrten und beförderte 630 Personen.

Ansicht nach einer Lithographie, Foto: Kulturhistorisches Museum der Hansestadt Stralsund

Unter der Regie des Dampfschifffahrts-Vereins wurde die STRALSUND noch zum Schleppen von Segelschiffen für zahlreiche Linienfahrten zum Beispiel Stralsund–Stettin (Dauer 14 Stunden) eingesetzt, aber auch für sogenannte Lustfahrten „Rund-um-Rügen" oder Fahrten in See.

Der Dampfer hatte eine Länge von 80 Fuß (24,38 m). Seine zwei Dampfmaschinen hatten eine Leistung von 55 PS. Er erreichte eine Geschwindigkeit von ungefähr 7,5 Knoten und hatte eine Tragfähigkeit von etwa 46,8 tdw, was 36 alten preußischen Normallasten entsprach. Fünf englische Fuß (1,53 m) sollte der maximale Tiefgang des Schiffes betragen.

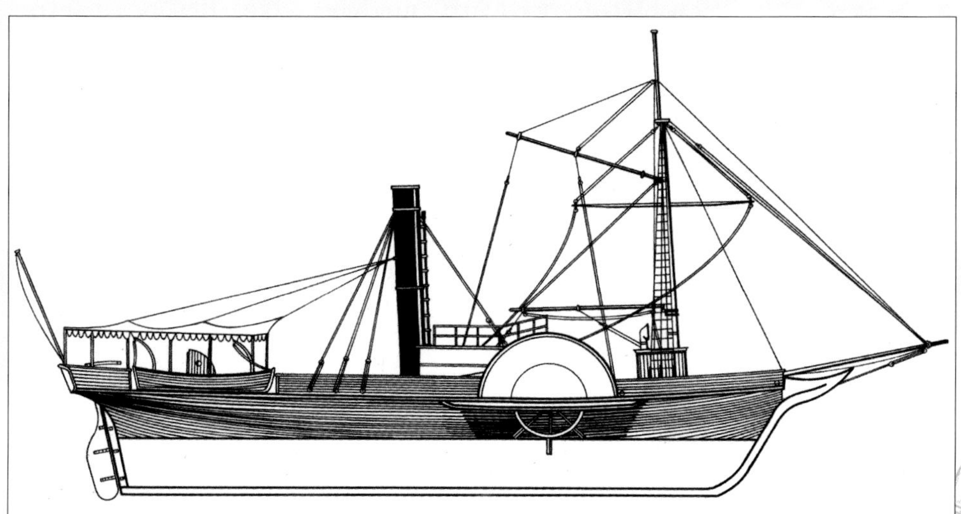

Zeichnung des Seitenraddampfers STRALSUND, Ralf Gierke

An Bord war Platz für 150 Fahrgäste. Der Verein verkaufte 1850 sein Schiff an den Stralsunder Reeder A. T. Kruse. Später wurde der Stralsunder Reeder Johann Heinrich Bartels und ab 1857 die Stralsunder Firma F. A. Spalding & Sohn Eigentümer der STRALSUND.

Reisen und Dienste des Dampf-Schiffs „Stralsund" 1843.

№	Abgang.	Fahrt.	Passagiere.	Bugsirte Schiffe.	Fahrt- Stunden.	Liege- Stunden.	Ankunft.
23.	Juni 12. V. 3 U.	Von Stralsund nach Stettin.	8	4	24	8	Juni 13. M. 12 U.
24.	„ 14. V. 5 U.	Von Stettin nach Stralsund.	23	—	15	2	„ 14. N. 8 U.
25.	„ 18. N. 3½ U.	Fahrt mit der Stralsunder Ehren-Flotte zum Empfang Sr. Majestät des Königs.					

Anzeige zum Empfang des Königs von Preußen Friedrich Wilhelm IV. in Stralsund vom Mittwoch, 21. Juni 1843 aus der „Sundine".

Das erste Dampfschiff, unter Stralsunder Flagge, wurde 1859 abgebrochen. Unter Kapitän Burmeister machte die STRALSUND 1841 62 Fahrten, unter Kapitän Völsch 659 Fahrten (1842–1847), unter Kapitän Zeltz 357 Fahrten (1848–1850) und für das Jahr 1851 sind 18 Fahrten unter Kapitän Mierendorf bekannt.

Das gekupferte, mit 2 trennbaren Maschinen von 56 Pferdekraft versehene, 36 Normal-Lasten große Dampfschiff

STRALSUND

nebst dazu gehörigem Kohlenschuppen soll nach dem Beschluß der Actionaire öffentlich verkauft werden. Es ist dazu ein Aufbotstermin auf **Dienstag, den 30. März d. J.**, Vormittags 11 Uhr, im Saale des Gewandhauses angesetzt und sind die Bedingungen bei dem Herrn Dr. **Kühl** einzusehen, das Schiff nebst Inventarium und der Schuppen an der Badenbrücke zu besichtigen.

Stralsund, den 23. März 1858.

Der engere Ausschuß des Dampfschifffahrt-Vereins.

Verkaufsanzeige in der Stralsundischen Zeitung

Postdampferlinie von Stralsund nach Malmö von 1867 bis 1896

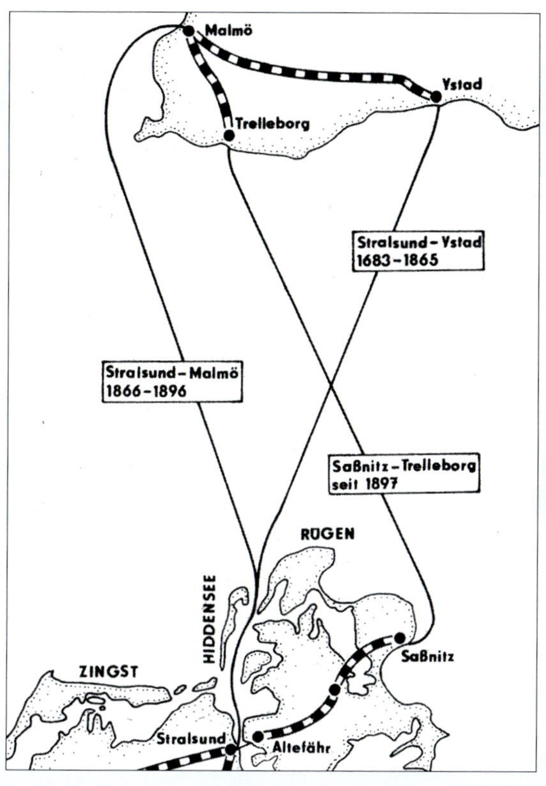

Karte mit der Postdampferlinie Stralsund–Ystad

Bis 1865 führte die Dampfschiffslinie nach Ystad. Mit Eröffnung einer Eisenbahnverbindung zwischen Stockholm und Malmö erfolgte die Verlegung der Linie nach Malmö. Abwechselnd im Einsatz waren der preußische Dampfer POMMERANIA und der schwedische Seitenraddampfer OSCAR. Die neuen Dampfschiffe der Linie Stralsund–Malmö benötigten für eine Überfahrt etwa sieben bis acht Stunden. Unverändert führte auch diese Linie von Stralsund durch den Strelasund, dann zwischen Hiddensee und Rügen durch den Gellenstrom bis zum Libben, vorbei am Bug und dem Bessin im Norden Hiddensees.

Anzeige OSCAR und STEN STURE vom 17. Mai 1888

Beide Dampfer konnten neben Frachtgütern eine größere Anzahl von Fahrgästen befördern und hatten auch schon einige Schlafkabinen im Angebot. Der Stralsunder Kommerzienrat Heinrich Israel kaufte 1870 für 40.000 Taler den Seitenraddampfer OSCAR von der schwedischen Regierung und beschäftigte ihn weiter auf der gleichen Linie. Ursprünglich sollte dieser Dampfer als Königsschiff für der schwedischen König Karl XV zum Einsatz kommen. Gebaut 1864/65 aus bestem Material in Motala (Schweden) war er auch dementsprechend luxuriös ausgestattet. Nach dem Tod des Kommerzienrates Heinrich Israel im Jahr 1877 übernahm laut Vertrag der neue Korrespondentreeder, der Ratsherr und Kaufmann Leopold von Seeckt dessen Aufgaben. Ab 1882 wurde auch der, unter schwedischer Flagge fahrende Seitenraddampfer STEN STURE, zwischen Stralsund und Malmö eingesetzt.

Der Seitenraddampfer STEN STURE *im Hafen Stralsund, Postkarte von 1904*

Lokales und Provinzielles.

Stralsund, 14. Juli. Der Prinz Krom Hluang Divawongse Baroprakar von Siam mit seiner Begleitung wird heute Nachmittag mit dem Postdampfer „Sten Sture“ von Malmoe hier wieder eintreffen und seine Reise mit dem Courierzuge nach Berlin fortsetzen. In Berlin wird der Prinz bereits morgen vom Prinzen Wilhelm empfangen werden und demselben die hohe siamesische Ordensauszeichnung überreichen. Von Berlin wird sich der siamesische Prinz alsbald nach London begeben.

Am 14. Juli 1887 meldete die Stralsundische Zeitung die Ankunft des siamesischen Prinzen Krom Hluang Baroprakar der mit dem Postdampfschiff STEN STURE *von Malmö nach Stralsund reiste.*

Zur Sicherung der zwischen Stralsund und Malmö in Fahrt befindlichen Postdampfschiffe wurde von Mai bis Oktober 1888, bei schlechter Sicht (Nebel) während der Nachmittagsstunden vom Hiddenseer Hochufer einzelne Kanonenschüsse in Abständen von fünf Minuten abgefeuert. Gefeuert wurde sobald die Nebelpfeife des Dampfschiffes an Land gehört wurde und so lange, bis das Schiff durch vier hintereinander folgende Töne seiner Nebelpfeife andeutet, dass es orientiert ist.
Wie aus dem Unterhaltungsblatt für Neu-Vorpommern und Rügen „Sundine“ hervorgeht, erfolgte 1890 zumindest zeitweise, die Durchfahrt von und nach Stralsund durch den Gellenstrom an Barhöft (Mühlen Tief und Vierendehl Strom) vorbei (siehe Karte auf S. 13).

Ehemaliges Unterfeuer Vierendehlgrund Nordansteuerung-Stralsund, Gemälde von Thomas-Michael Quatsling

Am 15. Oktober 1896 um 5.55 Uhr hieß es für die Oscar zum letzten Mal in Stralsund „Leinen los“ mit Kurs auf Malmö. Am gleichen Tag gegen 15 Uhr machte die Sten Sture letztmalig als Postdampfer an der Ballastkiste in Stralsund fest. *„Die Dampferlinie Stralsund–Malmö wurde von den Reisenden mit großer Vorliebe benutzt, da es allgemein bekannt war,*

daß die Rhedereien und die Schiffsführer in jeder Weise für die Annehmlichkeit und Bequemlichkeit der Reisenden sorgten"
Aus der Stralsundischen Zeitung vom Freitag 1. Oktober 1896

Die schwedische Postflagge verschwand aus dem Bild des Stralsunder Hafens. Am 31. Juli 1897 berichtete die Zeitung, „dass am Hafenbahngleis, auf der sogenannten Dampfschiffslandungsstelle vorhandene kleine Gebäude für die Fahrkartenausgabe jetzt, nachdem es seinen Zweck wegen Aufhebung der Verbindung Stralsund–Malmö nicht mehr erfüllt, durch Abbruch entfernt worden ist". Die Entscheidung die Linie Stralsund–Malmö einzustellen fiel im Sinne des technischen Fortschritts. In Schweden hatte man inzwischen die Bahnverbindung Malmö–Trelleborg eröffnet. Auf Rügen war die Strecke Altefähr–Sassnitz vollendet und auf dem Strelasund verkehrten Eisenbahnfähren. Das war die wichtigste Voraussetzung dafür, dass am 1. Mai 1897 die neue und weitaus kürzere Postdampferlinie Sassnitz–Trelleborg eröffnet werden konnte.

Deutschland-Schweden
Dänemark.
Der bekannte Schwedische Raddampfer
Sten Sture
nimmt am 15. August bis 30. September 1897 seine Fahrten zwischen Stralsund und Malmö wieder auf und geht
Täglich
aus Stralsund 1 U. 25 M. Nachmittags,
„ Malmö 2 „ Morgens
ab. Nähere Auskunft ertheilen
Einar Hörstedt, Malmö. Carl Siebe, Stralsund.

Anzeige Sten Sture vom 10. August 1897

Deutschland-Schweden-Dänemark

via

Stralsund-Malmö-Kopenhagen.

Die Postdampfschiffe

„Oscar“ und „Sten Sture“

fahren vom 1. Mai cr. bis 15. Mai cr.

von Stralsund: Täglich bei Tagesanbruch,
von Malmö: Täglich 1 Uhr früh.

Heinrich Jsraël, Stralsund.
A. F. Hörstedt, Malmö.

Anzeige vom 1. Mai 1887

Das Wittower Posthaus

Zum Schluss noch einige Worte zum Wittower Posthaus aus dem Büchlein von Fr. Wilhelm Segebrecht, einem ehemaligen Lehrer aus Vitte „Die Insel Hiddensee“ von 1912.

> „Noch steht das alte „Posthaus“ und dient als Stallung. Heute ist das Wittower-Posthaus ein kleiner Beamtenort. Einige Lotsen, ein Steuerbeamter, einige Bootssegler und ein Lehrer sind die Bewohner. Die Schule ist mit ihren 4 bis 6 Schülern eine der kleinsten der preußischen Monarchie. Ein hölzerner Turm dient den Lotsen als Ausguck, jedes einlaufende Schiff muss bis zur erledigten Kontrolle vor Anker gehen“.

Eisenbahnfähren zwischen Stralsund und Altefähr auf Rügen ab 1883

Am 1. Juli 1883 war die feierliche Eröffnung der Trajektverbindung über den Strelasund zwischen Stralsund und Rügen. Das erste Fährschiff auf dieser Linie war die PRINZ HEINRICH. Fertiggestellt im November 1882 auf der Schichau Werft in Elbing konnte die Fähre im strengen Winter 1882/83 auch ihre Eisbrecherfähigkeiten erfolgreich testen. Etwa baugleich folgte 1883 die RÜGEN. Es handelte sich um 33 m lange Einendfährschiffe, die über den Bug beladen werden konnten. Als Antrieb dienten zwei stehende Verbunddampfmaschinen von je 75 PS (Geschwindigkeit 6,5 Knoten). Beide Fährschiffe waren in der Lage maximal vier Eisenbahnwaggons und 350 Personen überzusetzen. Obwohl es an Bord kaum Komfort für die Reisenden gab, überstieg bereits 1883 die Zahl der beförderten Personen weit die Erwartungen. Zwischen Stralsund und Altefähr wurden ca. 90.000 Fahrgäste befördert. Das dritte Fährschiff, die STRALSUND kam im Oktober 1890 zum Einsatz. Etwas länger als ihre beiden Schwesterschiffe verfügte sie über zwei Kolben-Dampfmaschinen mit zusammen 25 PS (8 Knoten). Aufgrund der erhöhten Verkehrsdichte begannen im Winter 1893/94 in Stralsund und Altefähr die Bauarbeiten für ein zweites Fährbett. Mit den neuen Trajektschiffen SASSNITZ, erbaut 1897, und PUTBUS, erbaut 1899, konnten drei D-Zugwagen aufgenommen werden. Diese neuen Eisenbahnfährschiffe hatten den Vorteil, dass die Züge von beiden Seiten die Fähre befahren konnten (Doppelendfähren). Diese Neubauten waren über 2 mal 2 Schrauben und zwei Ruder ausgerüstet und konnten, ohne zu wenden, mit voller Geschwindigkeit in beide Richtungen fahren. Die Eisenbahnwaggons konnten über den Bug aber auch über das Heck auf- und abfahren. 1901 wurden die drei ersten Trajekte aus dem Betrieb genommen, sie konnten den Anforderungen nicht länger standhalten. Weiter im Trajektverkehr blieben die SASSNITZ und PUTBUS. Verstärkt wurde die Flotte 1902 durch die zweite RÜGEN, 1906 durch die BERGEN und 1920 stellte die Preußische Staatsbahn die ALTEFÄHR in Dienst. Dieser letzte Neubau war das schnellste Fährschiff der „Sundflotte“, es konnte acht Waggons befördern.

Im Jahr 1936 endeten die im September 1933 begonnenen Bauarbeiten am Rügendamm. Am Montag dem 5. Oktober 1936 konnte der erste Zug ohne Unterbrechung direkt von Stralsund nach Rügen durchfahren. 1937 war auch der Landstraßenverkehr über den Rügendamm aufgenommen worden. Nach 53 Jahren war damit das Ende der Trajektverbindung gekommen. Das letzte Zeugnis dieser Trajektverbindung ist die 1890 in Dienst gestellte Stralsund. 1990 war das auf der Werft von Ferdinand Schichau in Elbing erbaute Eisenbahn-Trajektschiff 100 Jahre im Einsatz. Zuletzt auf der Peene von Wolgast Hafen nach Wolgast Fähre auf der Insel Usedom. Außer Dienst gestellt kann es in Wolgast im Museumshafen besichtigt werden.

Trajekt Altefähr bei der Überfahrt auf dem Strelasund 1928

Trajekt Stralsund im Museumshafen Wolgast im Juli 2001

Überfahrt mit der Rügen

Überfahrt mit der Putbus 1928

Trajektbahnhof in Stralsund 1928

Die Eisenbahntrajektschiffe der Linie Stralsund–Altefähr

Schiffsname	Baujahr	Länge (m)	tdw	PS	kn
PRINZ HEINRICH	1882	33	60	2 x 75	6,5
RÜGEN (I)	1883	33	60	2 x 75	6,5
STRALSUND	1890	33	60	2 x 125	7,0
SASSNITZ	1897	62	155	2 x 250	7,5
PUTBUS	1899	81	200	2 x 300	8,3
RÜGEN (II)	1902	83	200	2 x 300	8,3
BERGEN	1906	83	200	2 x 300	8,3
ALTEFÄHR	1920	83	200	2 x 240	12,0

Die STRALSUND in Wolgast am 20. Juni 1984, Foto: Claus Rothe

Trajekt STRALSUND auf Usedom Juni 1984, Foto: Claus Rothe

Ziegelgrabenbrücke und Rügendamm

Die Ziegelgrabenbrücke und der Schlepper Georg 1938

Die Karla hat die Brücke passiert 1938, Foto: Wulff

Schlepper Georg am 10. März 1938, Foto: Wulff

Das ehemalige DDR-Urlauberschiff Fritz Heckert *passiert am 29. April 1972 im Schlepp die Ziegelgrabenbrücke. Bis zum April 1991 hatte sie danach ihren Liegeplatz im Hafen Stralsund als schwimmendes Wohnheim.*

Bauabschnitt der neuen Rügenbrücke im Juli 2005

Vorn die 2007 eröffnete neue Rügenbrücke und im Hintergrund der alte Rügendamm mit der Ziegelgrabenbrücke 2007, Foto: Claus Rothe

Ende der Fährlinien Glewitz–Stahlbrode und Stralsund–Altefähr

Der Rügendamm bedeutete nicht nur für die Eisenbahntrajekte das Ende. Auch die Fährverbindung zwischen Stahlbrode und Glewitz auf Rügen und später die Fähre zwischen Stralsund und Altefähr wurden eingestellt. Erste Berichte über eine Fährverbindung zwischen Stahlbrode und Glewitz sind schon von 1397 bekannt. Im Jahr 1913 kam erstmals ein Motorprahm zum Einsatz, der aber durch den zunehmenden Autoverkehr Verstärkung benötigte. Im Auftrag des Kreisausschusses Bergen wurde auf der Schiffswerft, Kesselschmiede und Maschinenbauanstalt „Nüscke & Co" in Stettin die Schnellfähre Rügen (Bau-Nummer 283) gebaut. Indienststellung war April 1927. Das Fährschiff war mit 68 BRT vermessen, 24,10 m lang, 7,20 m breit und hatte einen Tiefgang von 1,89 m. Als Antrieb diente ein 80 PS Dieselmotor. Die Besatzung bestand aus vier Personen (2 Schiffsführer, 1 Maschinist, 1 Bootsmann)

Die Schnellfähre Rügen, Sammlung Annemarie Henning

Im ersten Betriebsjahr setzte die Schnellfähre Rügen 3 800 Autos über. Der Motorprahm konnte neben Fahrgästen nur zwei Autos befördern und verkehrte nach Bedarf. Die Gastwirte von Stahlbrode und Glewitz spannten zur Verständigung weiße Laken aus. Die Schnellfähre Rügen hatte feste Fahrzeiten. Ab 1941 gehörte das Schiff zur Kriegsmarine, 1943 wurden beide Bootsführer zur Kriegsmarine eingezogen, die Fähre hatte danach einen Liegeplatz in Stralsund. Im Mai 1945 kam der Befehl nach Schaprode und danach nach Hiddensee auszulaufen. Am Ziel angekommen übernahmen Offiziere der Kriegsmarine die Fähre, die alte Besatzung, zwei Rügener, wurde mit einem Ruderboot ausgesetzt. Die Fähre erreichte 1945 Kiel, über den Verbleib konnten keine Hinweise gefunden werden.

Die SCHNELLFÄHRE RÜGEN im Einsatz für die Kriegsmarine im Hafen Stralsund 1940, Sammlung Annemarie Henning

Die Stralsunder „Weiße Flotte“ GmbH eröffnete 1994 erneut die Glewitzer Fährverbindung mit den in Schweden gekauften 55 m langen Fähren GLEWITZ, STAHLBRODE und STRALSUND. Die auf der Peenewerft Wolgast umgebauten Fähren fahren heute alle 20 Minuten von 05.00 bis 21.40 Uhr. Bei Bedarf im Pendelverkehr.

Fährdampfer ALTEFÄHR am Anleger in Altefähr um 1900. Der 1894 in Stettin erbaute Fährdampfer war noch nach dem Zweiten Weltkrieg für einige Zeit im Fährverkehr zwischen Stralsund und Altefähr im Einsatz.

Das Motorfährschiff Altefähr 2 am Anleger in Stralsund Frühjahr 1928 – zu seiner Zeit das größe Schiff auf der Linie Stralsund–Altefähr

Das Fährschiff Glewitz im August 2015, Foto: Claus Rothe

20 Jahre Rügenfähre, Foto: Claus Rothe

Die Fährlinie Wittow–Fährhof

Wer von sich sagen will, dass er Rügen kennt, muss auch einen Fahrschein der Wittower Fähre vorweisen können. Auch heute ist diese Fährlinie im Norden Rügens nicht wegzudenken. Für die Inselbewohner und auch für zahlreiche Urlauber, die es vorziehen, die Ruhe einer schönen Landschaft zu erleben, ist die 396 Meter breite Fährverbindung zwischen den Stationen Wittower Fähre und Fährhof ein Muss. Reiseziele wie Wiek, Altenkirchen, Dranske oder Kap Arkona sind so viel schneller zu erreichen. Es gibt reichlich gute Literatur über die Geschichte der Region, deshalb hier nur einige wenige Informationen zur Einleitung. Noch bis zum Ende des 19. Jahrhunderts boten Ruder- oder Segelboote die einzige Möglichkeit, über Buger und Breetzer Bodden an das andere Ufer zu gelangen. Pferdewagen wurden dabei ganz einfach „aufgebockt". Das heißt, sie ruhten auf einer speziellen Vorrichtung und ragten über die Bordwand hinaus. 1850 setzten die Rügener zeitweilig einen Kettenprahm ein. Mit der Entwicklung der Landwirtschaft und dem zunehmenden Urlauberstrom wurde eine dauerhafte Lösung unumgänglich. Als eine Bahnlinie von Bergen nach Altenkirchen entstand, richtete die damalige „Rügensche Kleinbahn-Aktiengesellschaft" auch eine Fährlinie ein. Bereits am 21. Juli 1895 wurde die erste Teilstrecke in Betrieb genommen und am 17. September 1896 fand die feierliche Eröffnung statt. Am 13. Oktober 1899 war der Streckenausbau abgeschlossen und auf Rügen gab es zwei voneinander getrennte Kleinbahnstrecken. Im Personenverkehr wurde die Kleinbahn hauptsächlich von Touristen benutzt, die damit kleinere

Ausflüge unternahmen. In „Griebens Reiseführer“ von 1912 wird von der Benutzung der Kleinbahn abgeraten, denn die Fahrtgeschwindigkeit war relativ langsam und die Haltestellen dicht hintereinander. Um 1900 dauerte eine Fahrt von Bergen nach Altenkirchen auf der Halbinsel Wittow genau zwei Sunden und 35 Minuten. Im Gegensatz zur östlichen Kleinbahnstrecke nach Göhren, war hier aber ein Wasserhindernis zu überwinden. Es wurde eine Trajektanlage in Fährhof und Wittower Fähre errichtet. Unter der Baunummer 224 lief 1895 der erste Trajektdampfer für diese Linie, die WITTOW bei der Stettiner Maschinenbau AG „Vulcan“ in Bredow bei Stettin vom Stapel. Die Stettiner Firma Lenz & Co war der Auftraggeber. Dieses Unternehmen realisierte die gesamten Bauvorhaben der „Rügenschen Kleinbahn-Aktiengesellschaft“ (RüKB) mit Sitz in Putbus. Die Indienstellung der WITTOW fand am 17. September 1896 statt. Sie trajektierte die Züge der Kleinbahnstrecke Bergen–Altenkirchen (36,6 km). Als Antrieb diente der Fähre eine Zweizylindrige-einfach-Expansionsmaschine mit einer Leistung von 45 PS. Auf der gleichen Werft hatte 1895 auch der baugleiche Trajektdampfer JASMUND (Baunummer 225) seinen Stapellauf. Er diente vorwiegend als Reserveschiff für das Schwesterschiff WITTOW, leider gibt es nur wenige Informationen über das Schiff. Bereits 1912 trennte sich die RüKB von der JASMUND. Auf der Werft Nüscke & Co. Act, -Ges. in Stettin Grabow wurde 1911 eine neue Fähre, die JASPAR VON MALTZAHN fertiggestellt, die später modernisiert und in BERGEN umbenannt wurde. Diese Strecke der Rügenschen Kleinbahn wurde 1950 von der Deutschen Reichsbahn übernommen. Nachdem der Reiseverkehr ab Januar 1970 bereits eingestellt wurde, folgte am 27. September 1970 nun endgültig das Ende der Eisenbahnlinie. Die Fährverbindung mit der WITTOW und BERGEN, inzwischen zu Motorfähren umgebaut, blieb erhalten. Am 1. Mai 1975 übernahm der VEB Fahrgastschiffahrt „Weiße Flotte“ mit Sitz in Stralsund die Linie mit den beiden Schiffen. Beide Fährschiffe wurden in den Folgejahren immer wieder modernisiert. Bis etwa 1996 waren beide Schiffe als Europas einzige Kleinbahnfähren im Einsatz, ab 1990 dann für die „Weiße Flotte“ GmbH Stralsund. Seit 1994 gibt es neue Fähranleger und auch größere Fähren. Die alte WITTOW diente noch bis etwa 2005 als Reserveschiff. Die BERGEN wurde 1996 in Wiek abgebrochen, ein Schicksal, welches der WITTOW erspart geblieben ist. Ein Förderverein ist bemüht das technische Denkmal der Nachwelt zu erhalten.

Station Wittower Fähre im Juli 1928

Deutsche Reichsbahn
Reichsbahnamt Stralsund
– Gruppe Reiseverkehr –

Fährzeiten

der Reichsbahn-Fähre Wittow (Insel Rügen)

Gültig für die Zeit vom 27. Mai bis ~~30. September 1962~~ [illegible] 1963

Ab Fährhof	5.05	5.50	6.50	*) 7.50	8.50	9.50	10.50	11.50
Halbinsel Wittow	12.50	14.00	15.50	16.50	17.50	18.50	~~19.50~~	
Ab Wittower Fähre	5.15	6.00	7.00	*) 8.00	9.00	10.00	11.00	12.00
Festland Rügen	13.00	14.10	16.00	17.00	18.00	19.00	~~20.00~~	

*) Diese Fahrten werden nur ausgeführt, wenn der Eisenbahnbetrieb es ermöglicht.

Druckerei Demmin II 4 3 Cp 1120 62

Fahrplan Wittower Fähre aus dem Jahr 1963

Die Bergen *am Anleger in Wittow im Jahr 1982, Foto: Claus Rothe*

Trajekt Bergen *in Wittow im Jahr 1990, Foto: Claus Rothe*

Trajekt Wittow im Jahr 1989, Foto: Claus Rothe

Fähre Wittow im Jahr 2015, Foto: Claus Rothe

Am 27. April 1996 war die Taufe und Übergabe der in Eisenhüttenstadt gebauten, neuen Wittow auf der gleichen Linie. Diese Fähre hat eine Länge von 42,53 m und eine Breite von 11,62 m.

Fährschiff Stralsund als Reserveschiff in Wittow 2016

Die 1963 gebaute Stralsund wurde zu Beginn der 1990er Jahre aus Schweden angekauft und diente danach hauptsächlich als Reserveschiff in Wittow. Die Stralsund ist 37,00 m lang und 11,40 m breit.

DR

NVA

Wittower Fähre

Fahrtausweis Nr D 06627

Fahrt Nr 30.11.77
Tag

Anzahl		M	Pf
	Personen		
1	Motorräder mit Beiwagen		
	Pkw	2,–	
	Lkw		

Fahrtausweis für die Wittower Fähre von 1977

Der Dampfer RÜGEN (I) Baujahr 1858

Bedauerlicherweise sind die Hinweise auf den im nachfolgenden Zeitungsbericht genannten Dampfer GREIF für eine korrekte Zuordnung nicht ausreichend. Über den 1858 bei Möller & Holberg in Grabow bei Stettin, unter der Baunummer 8, fertiggestellten eisernen Seitenraddampfer RÜGEN gibt es genauere Angaben. Dennoch wird das Schiff oft mit dem Bergungs- und Personendampfer gleichen Namens, von der Reederei August Spruth aus Greifswald, verwechselt. Als Vermessung des Dampfers wurden 1858 92 neue preußische Normallast angegeben und die RÜGEN war als Seeschiff registriert. Die Länge betrug 48,00 m, Breite 5,41 m und Tiefgang 1,87 m. Als Antrieb diente eine Zwillings-Maschine mit der Leistung von 250 PS. Anfangs waren die Stralsunder Wilhelm Bahl und Heinrich Israel als Korrespondentreeder eingetragen. Von 1859 bis 1867 zeichnete Heinrich Israel allein für die RÜGEN. Im Jahr 1867 erfolgte der Verkauf des Dampfers nach Russland.

Stralsund-Stettiner Dampfschifffahrt

über

Putbus (Lauterbach) Swinemünde

durch das neue eiserne Dampfschiff

„RÜGEN“

mit zwei Maschinen von 80 Pferdekraft, geführt vom Capitain **Riemer.**

Das Schiff ist 150 Fuß lang, hat einen schönen geräumigen Pavillon auf Deck, Speise-Salon von 25 Fuß Länge, separaten Damen-Salon, geräumige zweite Cajüte und bietet in schneller Fahrt, Eleganz, Bequemlichkeit und sonstigem Comfort Alles, was geleistet werden kann.

Fahrplan bis auf Weiteres.

Abgang von Stralsund:
Montag, Mittwoch und Freitag, früh 7 Uhr,
Abgang von Putbus (Lauterbach) 9 Uhr,
Abgang von Swinemünde 1½ Uhr.
Ankunft in Stettin 5 Uhr (ca. 2 Stunden vor Abgang des letzten Zuges nach Berlin.)

Abgang von Stettin:
Dienstag, Donnerstag und Sonnabend 11½ Uhr früh, nach Ankunft des Personenzuges von Berlin.
Abgang von Swinemünde 2½ Uhr,
Abgang von Lauterbach 6½ Uhr.
Ankunft in Stralsund 9½ Uhr.

Passagiergeld:

Stralsund-Putbus I. Platz 10 Sgr., II. 7½ Sgr.
Stralsund oder Putbus } Swinemünde I. Platz 1½ Rtl., II. Platz 1 Rtl.
Stralsund oder Putbus } Stettin I. Platz 3 Rtl., II. Platz 2 Rtl.

Stettin-Swinemünde I. Platz 1½ Rtl., II. Platz 1 Rtl.
Swinemünde-Putbus I. Platz 1½ Rtl., II. Platz 1 Rtl.

Kinder unter 12 Jahren zahlen die Hälfte.

Gewöhnliches Reisegepäck, I. Platz bis 100 Pfd., II. Platz 75 Pfd., ist frei, Ueberfracht 10 Sgr. pro 100 Pfd.

Eine besonders gut eingerichtete Restauration befindet sich an Bord, die zu jeder Zeit Speisen und Getränke nach der Karte zu billigen festgesetzten Preisen verabreicht.

Stralsund, im Juli 1858.

Wilh. Bahl, Heinr. Israel,
Correspondent-Rheder.

Expeditionen

in Stralsund F. A. Ransleben.
in Putbus (Lauterbach) Gebrüder Krause,
in Swinemüde Consul C. F. Heyse,
in Berlin Moreau Valette,
in Stettin Dampfschiffs-Bureau Herm. Schulze.

Frachten nach separatem Tarif.

Dampfer RÜGEN (I) Anzeige aus der Stralsundischen Zeitung vom Juli 1858

Vergnügungs-Fahrt

von Stralsund um die Insel Rügen durch das eiserne Personen-See-Dampfschiff

„Rügen"

am Sontag, den 12. August.

Abfahrt von Stralsund über Posthaus 6½ Uhr Morgens,
Ankunft in Putbus gegen 2½ Uhr Nachmittags,
Stralsund gegen 5 Uhr do.

Passagiergeld von Stralsund oder Putbus:
1. Platz 2. Rthl. 2. Platz 1½ Rthl.

Passagiere von Putbus, welche vorher ein Billet lösen, werden am Sonnabend, den 11. August, Nachmittags 2¼ Uhr, von Lauterbach nach Stralsund befördert und Sonntag Nachmittag wieder in Lauterbach abgesetzt.

Auch beim Posthause können Passagiere, welche sich durch Boote an Bord bringen lassen, aufgenommen werden.

Billets sind in Stralsund vor Beginn der Fahrt am Bord des Schiffes zu lösen, in Putbus bei den Herren A. & H. Koch.

Heinrich Israël.

Rügenrundfahrt mit dem Dampfer Rügen (I) am 12. August 1860

Abenteuerliche Schiffsreise nach Hiddensee mit Schülern des Stralsunder Gymnasiums im Juli 1860 Die Hiddensee'r Jubelfahrt

(Originaltexte aus der Stralsundischen Zeitung vom Mittwoch den 4. Juli und Donnerstag, den 5. Juli 1860)

Als das Stralsunder Gymnasium im April d.J. seine dritte Säcularfeier beging, gestattete die frühe Jahreszeit nicht, der gesamten Gymnasial-Jugend ein freudiges Fest zu bereiten. Das damalige Fest-Comité bestimmte, daß die Schühler der beiden mittlern und der drei unteren Klassen im Sommer ein Fest haben sollten. Zwei Mitglieder des ursprünglichen Fest-Comités und drei Mitglieder des Lehrer-Collegiums übernahmen nun die näheren Anordnungen und Bestimmungen dieses Jugendfestes. Man vereinigte sich bald über einige Grundbestimmungen; Das Fest für jene fünf Klassen des Gynasiums müsse im Freien Statt finden, es sei damit eine kleine Seefahrt mittels eines Dampfers zu verbinden, was sich für eine Stadt, wie Stralsund schicke, in dessen Nähe ja Rügen mit seinen Neben-Eilanden liege. Nach vorangegangener reiflicher Besprechung der fünf Festordner ward unter Zuratheziehung des städtischen Fischmeister Patzenhauer (früher 17 Jahre Lehrer auf Hiddensee) bestimmt, auf einem Schlepp-Dampfer eine Fahrt nach Hiddensee zu machen; als Tag des Festes ward der letzte Tag des Junimonats gewählt. Alle nöthigen Voranstalten wurden getroffen; Außer dem Dampfer „Greif" erbot sich der Fischmeister P. bereitwilligst, auch mit seinem großen sicheren Boote zur Ausführung der Fahrt auszuhelfen; für hinreichende Lebensmittel ward gleichfalls Sorge getragen. Die Lehrer des Gymnasiums setzten den Schülern von Tertia abwärts den Plan auseinander, beauftragten die Schüler, ihre Aeltern oder deren Stellvertretern hiervon Anzeige zu machen, mit dem ausdrücklichen Vermerk, daß jeder Teilnehmende nicht blos warm gekleidet, sondern auch mit Ueberzieher oder Paleton versehen sein müsse. Darauf wurden in jeder Klasse die Teilnehmenden aufgezeichnet, in Riegen (eine jede mit einem Anmann) eingetheilt und zu pünktlichtem Gehorsam wie zur Vorsicht ermahnt. Als der bestimmte Sonnabend nahte, zeigte sich das Wetter so unbeständig und unsicher, daß die Festordner bemüht sein mußten, zugleich einen anderen Plan für diesen Tag in Bereitschaft zu haben. Da nun der letzte Tag vor jenem Sonnabend kalt, stürmisch und regnerisch war, ließen die Festordner schon einen Theil ihrer Vorbereitungen (die schon Freitags Statt finden sollende Hinsendung von Lebensmitteln und Geschirr, so wie *des Bretterbedarfs für die aufzuschlagenden Tische) fahren und bestimmten die Frühstunde des Sonnabends für die Entscheidung. Doch sieh! jener Sonnabend Morgen brachte alle Anzeichen schönen Wetters und es konnte – zu besonderer Freude der Jugend – die ursprüngliche Fahrt unternommen werden. Um 6 Uhr füllte sich das Bollwerk und die Badenbrücke, wo Dampfer und Beiboot lagen, mit reisefertigen Schülern nicht blos und anderen Mitfahrenden, namentlich 11 Musikern der hiesigen Stadtkapelle, sondern auch mit Hunderten von Angehörigen und Freunden der 180 jungen Gymnasiasten: der Dampfer ward losgebunden, das Beiboot des Fischmeisters P. nachdem es die Septimaner unter Aufsicht von zwei Lehrern aufgenommen, angehängt, die Musiker spielten auf, und so entschwebten um halb 7 Uhr unter Hurrah-Ruf und dem Zuwinken der am Lande Versammelten die jungen Festgenossen mit freudestralenden Gesichtern unter der Obhut ihrer acht Lehrer dem heimischen Hafen. Die Fahrt ging in jeder Beziehung glücklich von Statten, denn die Seekrankheits-Anfälle einiger Kleinen auf der breiten Prohner Wiek hörten in der sicheren Kajüte bald auf; die Augen Aller waren bald östlich von Rügen und seinen buchten- und inselreichen Ufer, bald westlich der Küste Pommerns zugekehrt, besonders aber schau´ten nordwärts nach dem Ziele der Reise: dem kleinen Gebirgslande des nördlichen Hiddensee. Der lange, schmale und niedrige Theil dieser gegen zwei Meilen von Nord nach Süd vor Rügens Westküste sich hindehnenden Insel blieb stets zur Linken. Nach etwa zweistündiger Fahrt war die Enge des Trogs passirt, die dunkelblauen, vor einer Stunde noch durch Regen getränkten Berge traten immer näher, die zwei Dörfer des Südens lagen bald hinter den lustig Dahinfahrenden. Um 10 Uhr ward, im Angesicht von Vitte und Kloster, dem Ziele der Landung, vor Anker gegangen, und die Ausschiffung begann, ein aufhaltendes und in der That schwieriges Geschäft, da größere Fahrzeuge wegen des ausgedehnten Schaar's einige Tausend Schritt vom Strande Halt machen müssen. Ungerufen erschienen bald mehrere Hiddensee'r Boote durch welche die Anlandsetzung von Menschen und mitgenommenen Lebensmitteln und Brettern ziemlich rasch und völlig sicher von Statten ging *) Alt und Jung füllten bald theils die Zimmer des freundlichen Müllermeisters Präbel, theils die Räume vor dessen Wohnung ganz nahe dem Strande. Die erst am Morgen mitgenommene Speisemeisterin H. war sammt Gehilfinnen und Gehilfen eifrigst beschäftigt, der eßlustigen Reisegesellschaft einen Morgen-Imbis zu bereiten, bestehend in Butterschnitten, köstlichen Brotes und in Milch und Bier. Dies zeitraubende Geschäft nahm mehr als eine Stunde in Anspruch. Nun (es war über 12 Uhr)* *stellten sich die fünf Klassen riegenweise auf, die Lehrer traten neben diese, die Musik nahm davor Platz und ein stattlicher Quintaner trug die dem Gymnasium im April geschenkte Festfahne vorauf. So marschierte, von einem Theile der Hiddensee'r Einwohnerschaft angestaunt, die muntere Schaar durch Kloster nach dem Dorfe Grieben, von wo aus unter des kundigen Fischmeisters P. Führung der Zug in die Berge begann. Das Wetter war so überaus schön und günstig, wie es wol Niemand gehofft hatte: heiterer milder Sonnenschein, überall ausgebreitet, erquicklicher Luftzug umwehte die Aufsteigenden ***

So gings in wechselndem Auf- und Niedersteigen auf die bedeutendsten Höhen, namentlich auf den Bakenberg und den Dornbusch (in der Schiffersprache Benennung für ganz Hiddensee) den nördlichsten Punkt der Insel. Nach allen Seiten hin zeigten sich den Blicken der Umschauenden köstliche Aussichten: gen Osten die zerklüftete Insel Rügen, gen Norden das offene melodischschimmernde blaue Meer, im Nordosten sah man in großer Klarheit die kreideschimmernden Ufer der dänischen Insel Mön, im Süden zeigte sich zunächst das langgestreckte zopfartig gestaltete Eiland selber, in der Ferne traten die Thürme der drei Hauptkirchen Stralsunds deutlich hervor, so daß man oft von einem Punkte pommersches und dänisches Land sah. Nahete man sich dem Rande der Höhen, die 2 bis 300 Fuß über dem Spiegel des Meeres auftragen, so schauete man bald in bewachsene liebliche Schluchten, bald an Grausen erregenden steilen Lehm- und Thonwänden hinab. An einer Stelle ward der Erdfall in Augenschein genommen, der sich vor etwa 12 Jahren ereignet hatte. Die seit mindestens 200 Jahren baumlosen Bergkuppen und Thäler sind jetzt mit allerlei Planzen, auch wilden Rosen bewachsen, einzelne Bergabhänge sind in urbares Ackerland umgewandelt. Nachdem die erstiegenen Höhen die abwechselnsten genußreichsten Aussichten dargeboten, begann in verschiedenen Gruppen das Hinabsteigen zum Strande, der von Norden nach Nordwesten und Westen umwandelt wurde: der Blick weilte bald auf dem unbegrenzten Meeresspiegel, bald ward er landwärts gezogen zu den Schluchten und Abstürzen felsartiger Lehm- und Thonstücke; am Strande selbst ward manches seltsam geformte Steinchen gesammelt, auch Bernsteinstückchen, Schiniten, Belemniten und andere Muschelversteinerungen. Unter so schönen Naturgenüssen, die allerdings manchen Schweißtropfen hervorlockten, waren gegen drei Stunden verstrichen; von verschiedenen Seiten sammelten sich Alle vor der Müllerwohnung von wo aus die jugendlichen Festgenossen mit ihren Lehrern nach der heißersehnten Stätte zogen, wo Müdigkeit, Hunger und Durst gestillt werden sollten. Der gegenwärtige Pächter (B.) von Kloster, ein geborener

Stralsunder (die ganze Insel ist Besitzthum des Heil-Geistklosters in Stralsund) hatte mit großer Zuvorkommenheit eine lange große Scheundiele zum Aufstellen von mehreren langen Tischen, die erst nach 8 Uhr fertig wurden, zur Benutzung eingeräumt. Tisch und Vortuch mußten natürlich fehlen. Jeder fand Teller, Löffel, Messer, Gabel und Weinglas vor sich. In der heitersten Stimmung begann und endete das einfache Festmahl; Frau H. ließ zunächst zucker- und zimmetbestreueten Milchreis reichen, zu welchem das kräftige Landbrot köstlich mundete; ausgezeichneter saftiger Braten nebst gebackenen Pflaumen und Kartoffeln bildeten das Hauptgericht; gesüster und gewürzter Moselwein behagten vortrefflich. Es war eine Lust mit anzusehen, wie die jungen Bergsteiger sich´s schmecken ließen; Tafelmusik erhöhete noch die Heiterkeit; die Scheun-Eingänge waren von jungen und alten Insulanern beiderlei Geschlechts dicht gefüllt. Der erste Toast galt dem Gymnasium, dessen Eintritt in das vierte Jahrhundert seines Bestehens heut nachträglich begangen wurde.

Ein dreifaches herzliches Hoch unter schmetterndem Tusch erscholl der theuren Anstalt. Ein zweiter Trinkspruch, mit allgemeinstem Jubel aufgenommen, galt dem durch Unwohlsein leider zurückgehaltenen Vorsteher der Anstalt, dem hochverehrten Director D. Rizze. Von den anderen Trinksprüchen möge nur aufgeführt werden das von Einem der Tertianer ausgebrachte dankende Hoch auf das Lehrercollegium; das auf die ganze Gymnasialjugend, auf die drei anwesenden Mitglieder des Säcular-Fest-Comités, auf die beiden ältesten unter den anwesenden Lehrern.

Pfeilschnell entfloh die Zeit auf diese Weise, und doch sollte vor der Einschiffung und Abfahrt noch Zweierlei stattfinden; Allen sollte zunächst Kaffee mit Gebäck gereicht werden. Man denke aber, ob etwa 18 dienende Hände im Stande sein konnten, alles Nothwendige so schnell ins Werk zu richten, wie es gewünscht wurde. Vor der Müllerwohnung ward der Kaffee eingenommen und zugleich von einem der Lehrer (D.R.) mitgebrachter Luftballon in die Höhe gelassen; dann wurde der Abmarsch nach dem benachbarten Fischerdorfe Vitte unter Musikbegleitung angetreten. Hier sollten die seit Jahrhunderten zwar gebräuchlichen, aber allmälig immer mehr verschwindenden eigenthümlichen Häuser der Strandbewohner in Augenschein genommen werden. Die niedrigen Mauern und Wände der unter hohen Strohdächern sich befindenden Wohn- und Stallräume sind nämlich statt der Steine mit Stücken von Rasen- oder sogenanntem Plaggentorf ausgefüllt, was einen Anblick gewährt, der an die Kindheit der Baukunst erinnert. Die Beförderung von Personen und Sachen durch mehrere kleinere und große Boote und einen Prahm zu dem auf der Rhede ankernden „Greif" nahm leider auch wieder viel Zeit in Anspruch, so daß die von dem Führer des Dampfers, Capitain D., bestimmte Stunde nicht eingehalten werden konnte. Nach dem ursprünglichen Plane des Programms sollte allerdings die Einschiffung schon um 5 oder halb 6 Uhr beginnen; aber dabei war angenommen, daß der Morgen-Imbis bei unserer Ankunft schon fertig auf Tischen stand. Dies war nicht möglich gewesen, und so ging gleich nach der Ankunft anderthalb Stunden verlohren. Dazu kam die Vorstellung der Schifffahrts- und Seewegunkundigen Lehrer, daß es in den längsten Sommertagen und bei hellem Mondschein sehr wohl möglich sei, die Rückfahrt auch später antreten zu können; sie hielten die Worte des Capitains, der ja noch außer seinem Steuermann einen Loutsen an Bord hatte, mehr für einen Wunsch, als für einen Befehl. Als endlich einige Minuten nach 8 Uhr die Rückfahrt angetreten werden konnte, erklärte der Schiffshauptmann allen Ernstes, er müsse vor dem Troge vor Anker gehen. Alle Bitten um Fortsetzung der Fahrt waren vergeblich; Alt und Jung mußten sich fügen. Es ist wol kaum nöthig anzuführen, wie dies Ereigniß im höchsten Grade niederschlagend auf die Festordner und Lehrerwirkte, nicht etwa ihrer Person wegen, sondern lediglich durch die Rücksicht theils auf die in Stralsund harrenden Aeltern und Angehörigen, theils auf die Jugend: jene mußten sich ja ängstigen, wenn ihre Kinder nicht um 10 oder 11 Uhr ankamen, denn sie konnten sich schwerlich den Grund des Ausbleibens erklären; diese sollten eine Nacht, wenngleich nur eine Sommernacht, auf See zubringen und konnten doch insgesamt erforderlichen Schutz nicht bekommen. Wie sehnlich wünschte man im Besitz eines Telegraphen zu sein oder auch nur günstigen Wind zu haben, um ein Segelboot eiligst gen Stralsund zu entsenden mit der Botschaft: „Eure Kinder sind alle wohl, sie können aber erst Sonntags früh anlangen“. Doch alle diese Wünsche blieben eben nur Wünsche, zur Ausführung konnte das Verlangen nicht kommen; man mußte der gebietenden Nothwendigkeit weichen und zunächst nur auf den Schutz der Jugend bedacht sein. Diese aber, in ihrer Lebenslust, war nicht weniger als betrübt; Viele riefen: „Das ist schön, das gibt ein Abenteuer“. Die Stunden bis 12 Uhr verflossen rasch unter fröhlichen Gesängen und heiteren Scherzen; doch nach Mitternacht ward's allmälig still, die natürliche Müdigkeit verlangte nach Schlaf. Alle Kleineren und Schwächlichen fanden denn auch trockenen und warmen Aufenthalt in den drei zu gebote stehenden Kajüten; die Größeren und Kräftigeren blieben mit ihren Lehrern auf Deck , wo durch aufgehängte Segel möglichst Schutz und durch die Feuerstelle auch Wärme verschafft wurde. Kaum war der Junimond zu Ende, da bezog sich der Himmel mit düsterm Gewölk; ein schönes, von Wenigen bisher beobachtetes Natur-Ereignis zog die Blicke aller

Wachenden auf sich: ein Mondregenbogen spannte sich am nordwestlichen Himmelsgewölbe aus, bald stellte sich ein kleiner Regenschauer ein, so daß der festliche heitere Sonnabend durch Regenwetter begränzt war. Die Stunden unfreiwilligen Festgebanntseins verstrichen aber auch; gegen 3 Uhr am 1sten des Julimonats wich die Nacht der Morgendämmerung, bald war der Anker aufgewunden und die ersehnte Abfahrt begann. Schon nach einer halben Stunde zeigte sich im Süden vor uns der Rauch eines nordwärts steuernden Dampfers, bald ward in ihm der rasche „Rügen" erkannt; Alle eilten aus den Kajüten aufs Deck und ein gegenseitiges Hurrah erscholl von den beiden aneinander vorbeieilenden Dampfern. Auf Deck des „Rügen" standen viele der besorgten Väter der fröhlichen Festgenossen, jetzt gewiß froh, die Ihrigen wohl erhalten zu wissen. Nach baldiger Wendung des „Rügen" im engen Fahrwasser überholte derselbe den „Greif" sehr rasch und erreichte Stralsunds Hafen wol eine halbe Stunde früher als dieser. Mit dem Glockenschlag fünf (es prangte gerade ein herrlicher Regenbogen am Himmelsgewölbe) lag der Dampfer „Greif" mit seinem Beiboote, das auf der Rückfahrt die Tertianer aufgenommen hatte, an der Badenbrücke. Mehrere Väter nahmen schon am Bollwerk ihre Söhne entgegen; Alle aber, Jung und Alt, eilten befriedigt und Dank empfindend gegen die Männer, welche die Kosten zu dem schönen Feste bewilligt hatten, ihren Wohnungen zu.

Die Festordner und Lehrer, die allerdings dies verspätete frühe Ankommen hätten verhindern können, hofften aber vertrauensvoll auf Berücksichtigung von Seiten der Aeltern und sonstigen Angehörigen der Jugend. Sie haben, das können sie ohne Ruhm von sich sagen, in Wahrheit nur das Beste der Jugend gewollt, sie haben keine Mühe gescheut, ihren theuren Schülern einen wirklichen Genuß zu bereiten, auf den auch noch in späteren Jahren das römische „Olim meminisse juvabit" seine Anwendung finden wird: Gern wird jeder Vater, jede Mutter die Angst verschmerzen, wenn dagegen der hohe Genuß in die Wagschale gelegt wird, welcher ihren Kindern bereitet worden ist. Viele derselben würden in späteren Jahren vielleicht nie nach dem anziehenden Hiddensee gekommen sein.

E.B.

Die ersten Extrafahrten nach Hiddensee mit Dampfern ab Stralsund und Rügen

Dampfschiff-Fahrt

zwischen Neu-Vorpommern, Stralsund und Rügen.

Zur größeren Bequemlichkeit des reisenden Publikums ändern die beiden **eisernen Personen-Schrauben-Dampfschiffe**

„**Der Donner**", Capt. F. Traut,

„**Der Strelasund**", Capt. C. Koch,

ihren Fahrplan auf der Tour zwischen Stralsund und Rügen von Montag, den 15ten an, wie folgt:

Abfahrt an jedem Wochentage

von **Stralsund** über Wittower Fähre, Vieregge, Breege (Arcona), Polchow (Stubbenkammer, Saßnitz):

früh 7 Uhr, Ankunft in Polchow 12 Uhr Mittags,

von **Polchow** über vorstehende Stationen nach Stralsund

Nachmittags 1 Uhr,

von **Breege** „ **2** „

Ankunft in Stralsund um 6 Uhr Abends.

Passagiergeld ermäßigt:

	I. Platz:	II. Platz:
Stralsund, Wittower Fähre, Vieregge	10 Sgr.	7½ Sgr.
„ Breege	15 „	10 „
„ Polchow	20 „	15 „
Zwischenstationen	7½ „	5 „

Die täglichen Fahrten zwischen Stralsund, Barth, Zingst und Wiek bleiben unverändert wie bisher.

Stettin, den 11. August 1864.

Dampfschiff-Bureau:
Hermann Schulze.

Expedition in Stralsund:
C. H. Roth.
L. W. Otto.

Der Donner und Der Strelasund Anzeige aus der Stralsundischen Zeitung

Dampfschiff-Fahrt
zwischen Stralsund und dem Jasmunder Bodden
über
Schaprode, Wittower Fähre, Breege, Jasmunder Fähre und Ralswiek,
(vorausgesetzt, daß die Genehmigung der betreffenden Grundherrschaften ertheilt wird)
vermittelt durch das neue, eiserne Schrauben-Dampfschiff
„Der Donner“, Capt. F. Traut.
Abgang von Ralswiek an jedem Wochentage, ausgenommen Montags, 5 Uhr Morgens.
Abgang von Stralsund an jedem Wochentage, ausgenommen Sonnabends, 2 Uhr Nachmittags.
Die Dauer der Fahrt incl. Aufenthalt an den Stationen beträgt 5 Stunden; die Ankunft des Schiffes in Stralsund erfolgt mithin um 10 Uhr Morgens.

Passagiergeld.

	I. Platz.	II. Platz.
Zwischen Stralsund und Schaprode	10 Sgr.	5 Sgr.
„ „ „ Wittower Fähre .	15 „	7½ „
„ „ „ Breege	20 „	10 „
„ „ „ Jasmunder Fähre } „ „ „ Ralswiek }	1 Rthl.	15 „
„ einzelnen Stationen	10 Sgr.	5 „

Kinder unter 12 Jahren zahlen die Hälfte.
Ueberall werden Passagiere aufgenommen und abgesetzt, wenn dieses durch eigene Boote bewirkt wird; das Passagier-Geld wird alsdann von der vorhergehenden Station an gerechnet.
Die regelmäßigen Fahrten des Schiffes beginnen Montag, den 4. Mai, und bieten dieselben eine schnelle und billige Reisegelegenheit zum Besuche der schönsten Punkte der Insel Rügen, namentlich von Stubbenkammer und Arcona.
Frachten billigst, laut besonderen Tarif.
Stralsund, im April 1863. Heinrich Israel.

Erste Anzeige DER DONNER vom 30. April 1863

Das eiserne Schrauben-Dampfschiff „Der Donner" Capt. Traut, macht bei günstiger Witterung **am ersten, Pfingsttage eine**

Extrafahrt nach Hiddensee.

Abfahrt von Stralsund, Fährbrücke, 11 Uhr Vormittags. Retourfahrt 7 Uhr Nachmittags. Billets für die ganze Fahrt 15 Sgr. Kinder die Hälfte.

Prähme zur Landung sind besorgt.

C. H. Roth.
L. W. Otto.

Auf den Wunsch mehrerer Herren auf Jasmund, Wittow und Rügen, am Tage vor dem Stralsunder Wollmarkt mit dem Dampfschiff „Donner" nach Stralsund zu fahren, fährt der Dampfer „Der Donner", Capt. Traut,

am Sonntag, den 11. Juni, Vormittags,

von Wolchow um 11 Uhr,
von Breege um 12 Uhr Mittags,
von Vieregge um 12½ Uhr,
von Wittowerfähre um 1 Uhr Nachmittags

nach Stralsund. Auf allen Zwischenstationen werden Passagiere aufgenommen und abgesetzt, wenn solches durch eigene Boote bewirkt wird.

C. H. Roth.
L. W. Otto.

Bei günstiger Witterung macht der eiserne Schraubendampfer

„der Donner" Capt. Traut
am 2ten Pfingstfesttage Vergnügungsfahrten nach Devin.

Abfahrt von der Fährbrücke Nachm. 2, 3¼ und 5 Uhr, letzte Rückfahrt von Devin 8½ Uhr.

Billets werden auf dem Schiff gegeben, à Person 2½ Sgr. Kinder unter 12 Jahren 1 Sgr.

C. H. Roth.
L. W. Otto.

Anzeige Der Donner Ausflugsfahrt nach Hiddensee Pfingstsonntag 4. Juni 1865

Bis zur Einrichtung einer regelmäßigen Schiffsverbindung nach Hiddensee verging relativ viel Zeit. Zwar hatten bereits die ersten Dampfschiffe in diesem Fahrtgebiet vereinzelt Fahrgäste vor der Insel ausgebootet, direkte Linien nach Hiddensee gab es aber in den ersten Jahren der Dampfschifffahrt noch nicht. Dem Stralsunder Dampfer folgten aber schon wenige Jahre später weitere Ausflugsdampfer. Einige davon fuhren auch Hiddensee an, wenn auch erst einmal nur als sogenannte Extrafahrten. Allerdings fehlten auf der Insel noch geeignete Anlegestellen für größere Schiffe.
Im regelmäßigen Verkehr an der Westküste Rügens waren auch die beiden kleinen eisernen Schraubendampfer Der Donner und Der Strelasund eingebunden. In der „Stralsundischen Zeitung“ vom 3. Juni 1865 wurde eine Extrafahrt von Stralsund nach Hiddensee für 15 Silbergroschen angekündigt.

Reise des Lehrervereins der Halbinsel Wittow mit einem Segelboot nach Hiddensee 1883

Originaltext, etwas gekürzt, aus einem Artikel in der „Stralsundischen Zeitung“ vom 20. Juni 1883

Wittow, 18. Juni. Der auf unserer Halbinsel bestehende Lehrerverein hat in den letzten Jahren wiederholt kleine Sommerausflüge unternommen, deren Ziele die bemerkenswertesten Punkte des schönen Rügenlandes bildeten... und in diesem Jahr ist nun Hiddensee das Ziel einer Reise gewesen, welche gestern ausgeführt worden ist. Die Mitglieder des Vereins, sowie einige andere Theilnehmer an der reise begaben sich in Wiek an Bord des neuen von Capt. F. Klickow geführten Segelbootes und gegen 11 Uhr wurde die Fahrt angetreten. Leider verzögerte ein Anfangs conträrer und später flau werdender Wind die Reise so erheblich, daß erst um 5 Uhr die Landung in Kloster stattfand. Eine kleine Entschädigung für die langsame Hinfahrt erhielt die Reisegesellschaft jedoch unterwegs durch die Erscheinung einer prächtigen Fata morgana, die nordwärts in offener See sich zeigte – Nachdem sich alle im Schliekerschen Gasthofe zu Kloster etwas gestärkt hatten, gings in die Berge und wurden die höchsten Punkte des sogenannten Dornbusches erstiegen, von wo man eine schöne Aussicht über die ganze Insel Hiddensee, über die Binnengewässer und auch weit in die See hinaus genießen konnte. Nach der Rückkehr in das recht freundlich gelegene Dörfchen wurden im Saale des genannten Gasthofes noch mehrere Lieder gesungen und dareuf gegen 9 Uhr die Mitglieder und sonstigen Theilnehmer in zwei Booten an Bord gesezt. Die Rückfahrt, welche von theilweise gutem Winde begünstigt war, dauerte nur 3 Stunden.

Der Seitenraddampfer Hertha – Erster Liniendampfer zwischen Stralsund, Breege und Hiddensee

Der unter Baunummer 18 als Binnenschiff gebaute, noch mit Schonertagelage versehene eiserne Seitenraddampfer Hertha wurde 1863 auf der Werft von Möller & Holberg in Grabow bei Stettin, fertiggestellt. Auftraggeber und Eigner war der Stralsunder Korrespondentreeder Kommerzienrat Heinrich Israel. Der Seitenraddampfer zählte zu den bekanntesten Dampfern in der Zeit des ausgehenden 19. Jahrhunderts. Mit der Hertha wurde 1865 der Personen- und Frachtverkehr von Stralsund über Schaprode–Wittower Fähre–Breege und Polchow eröffnet. Das Schiff war gleichzeitig der erste Liniendampfer zwischen Stralsund, Rügen und Hiddensee. Reisende, die Hiddensee besuchen wollten, mussten sich bei der Fährinsel aus- und einbooten lassen. Die 37 Hektar große Fährinsel befindet sich zwischen Vitte und Neuendorf und gehört zur Insel Hiddensee. Sie ist durch einen ca. 180 Meter breiten Boddenarm (Bäk) vom Boddenufer getrennt. Über die schwere und nicht ungefährliche Arbeit der Fährleute wurde bisher nicht sehr viel geschrieben. Personen wurden zwischen der Fährinsel und Hiddensee und über den Bodden bis nach Seehof auf Rügen befördert.

Postkarte Fährinsel mit Fährhaus, Sammlung Bernd Goltings

Die Hiddenseer booteten sich selbst an. Die Beförderung von Frachtgütern von Stralsund erfolgte zum überwiegenden Teil mit Stadtbooten.

Nach der großen Sturmflut im November 1872 kollidierte der Seitenraddampfer im Hafen Stralsund mit einem englischen Schoner. Die HERTHA setzte sich mit dem Bug auf die Fährklappe der Fährbrücke und das Heck wurde unter Wasser gedrückt und verschiedene Reparaturen mussten durchgeführt werden, um den Dampfer wieder flott zu machen. Die Stralsundische Zeitung berichtete in der Ausgabe vom Mittwoch den 13. November 1872: „Das Dampfschiff Hertha hat heute wegen des starken Nord-Ost-Sturmes seine Fahrt von hier (Stralsund) nach Wittow ausgesetzt“. Über weitere Beschädigungen des Schiffes gibt es keine Hinweise.

Bekanntmachung.

Nachdem die heutige Fahrt des Dampfschiffes **„Hertha“** wegen ungünstiger Witterung ausgefallen ist, wird das Schiff

Mittwoch, den 13. November,

10 Uhr Vormittags,

von Stralsund abgehen.

Die Fahrt: Donnerstag, den 14. November, von Stralsund nach Ralswiek fällt ebenfalls aus, während von Freitag, den 15. November an die Fahrten werden regelmäßig stattfinden.

Stralsund, den 12. November 1872.

Heinrich Israël.

Anzeige vom 13. November 1872

Der Seitenraddampfer HERTHA im Hafen von Stralsund um 1870, Foto: A. Otto

Nach dem Tode Heinrich Israels übernahm der Stralsunder Kaufmann und Ratsherr Leopold von Seeckt, der gleichzeitig Korrespondentreeder für den Postdampfer OSCAR geworden war, das Unternehmen. Die HERTHA war zwischen Breege und Stralsund beschäftigt und löste am 11. Mai 1883 das Dampfschiff SUNDIA, welches seit dem 6. April 1883 von Kapitän Krüger geführt wurde, ab. Bis etwa 1892 blieb die HERTHA im Einsatz, zuletzt unter dem erfahrenen Schiffsführer Albert Klickow aus Breege. Im Jahr 1893 erfolgte der Verkauf des Seitenraddampfers zum Abbruch.

Extrafahrt
nach Hiddensee (Kloster)
durch das Dampfschiff „**Hertha**", Capt Rattfann,
bei günstiger Witterung
Sonntag, den 4. September.
Abfahrt in Stralsund von der Königsbrücke
12½ Uhr Mittags.
Rückfahrt von Hiddensee 5 Uhr Nachmittags.
Passagiergeld hin und zurück incl. Aus- und Einschiffung
15 Sgr a Person.
Kinder die Hälfte.
Heinrich Israël.

Extrafahrt der HERTHA nach Hiddensee am 4. September 1864

Dampfschiff-Fahrt
zwischen Stralsund und
der Insel Rügen.
Das eiserne Personen-Dampfschiff
„Hertha"
fährt vom **11. Mai** bis **25. August** d. J.
von Stralsund nach **Polchow: täglich**, Sonntags ausgenommen, **3¼ Uhr Nachmittags;**
von Polchow nach Stralsund: **täglich**, Sonntags ausgenommen, **6½ Uhr Morgens.**
NB. Die Fahrten am 2ten Pfingsttage, den 14. Mai, fallen aus.
Jeden **Mittwoch** und **Sonnabend** wird das Schiff von Stralsund **bis Ralswiek**, jeden **Montag** und **Donnerstag 5¼ Uhr** Morgens **von Ralswiek** nach Stralsund fahren.
Heinrich Israël.

Anzeige vom 13. Mai 1883

Seitenraddampfer Germania (I) machte 1887 in Kloster fest

Unter dem Kommando von Kapitän Christoph Vetterick aus Breege machte die Germania (I) im Rahmen einer Extrafahrt am 17. Juli 1887, erstmalig in Kloster fest. Von Breege aus nahm der Raddampfer um 10 Uhr Kurs auf Kloster. Die Rückfahrt von Hiddensee war für 19 Uhr vorgesehen. Hin- und Rückfahrt kostete eine Mark. Im Angebot wurde darauf hingewiesen, dass sich in Kloster eine feste Anlegebrücke befindet.

Extrafahrt per Dampfer „Germania“

bei günstiger Witterung am **Sonntag**, den 17. d. M., von
Breege nach **Hiddensee** (Kloster).
Abfahrt von Breege: Morgens 10 Uhr,
Rückfahrt von Hiddensee: Abends 7 Uhr.
Preis hin und zurück Mk. 1.—
In Kloster befindet sich eine feste Anlegebrücke.
C. Vetterick.

Anzeige vom 15. Juli 1887

Ein seltenes Bilddokument mit der 1874 erbauten ersten Germania unter dem Kommando von Kapitän Christoph Vetterick aus Breege (o. li.). Das Foto ist ein Geschenk seines Enkels Hermann Vetterick.

Dampfer „Germania“

fährt Sonntag, d. 24. d. M., von Breege nach Stralsund und zurück. Abfahrt von Breege: Morgens 6 Uhr, Abfahrt von Stralsund: Montag früh 2 Uhr.

C. Vetterick.

Anzeige Fahrt zum Sängerfest in Stralsund im Juni 1888

Erbaut wurde der Dampfer 1874 bei der Norddeutschen Schiffbau AG in Kiel / Gaarden, Baunummer 58. Bis 1884 war dieses Schiff auf Sylt beheimatet. Die 1882 gegründete Sylter Dampfschiffahrtsgesellschaft SDG hatte 1883 die Germania vom Reeder und Ziegeleibesitzer Sophus Claussen, Munkmarsch übernommen, der für die Post- und Personenbeförderung im Einsatz war. Ab 1874 führte H. N. Ohrt aus Föhr den Dampfer. 1884 gelangte die Germania (I) nach Stralsund und gehörte dort von 1885 bis 1899 dem Stralsunder Unternehmen C. A. Beug. Erster Kapitän des Dampfers war von 1884 bis 1885 der Stralsunder Kapitän Johann Wolter. Viele Angaben über den Einsatz der Germania (I) gibt es leider nicht. Die Reederei C. A. Beug beschäftigte den Seitenraddampfer auf der Route von Stralsund nach Breege (Rügen), über Hiddensee, (Wittower Posthaus, Wittower Fähre.) Am 19. Juni 1888 kollidierte die Germania (I) auf einer Tour von Breege nach Stralsund, unweit der Untiefe Trendel, im Stralsunder Fahrwasser, mit dem Boot des Stralsunder Fischers Hermann Wolter. An Bord des Fischerbootes befanden sich zu dieser Zeit der Fischer Fritz Ehlert und sein Schwiegersohn Max Böttcher. Beim Zusammenstoß der Fahrzeuge ertrank Fritz Ehlert. Trotz des herabgelassenen Bootes der Germania (I) konnte nur der Schwiegersohn gerettet werden. Nach dem Spruch der Seekammer hatte die Dampferbesatzung keine Schuld an diesem tragischen Unglück.

Schraubendampfer Germania (Kapt. C. Betterick)

fährt von **Stralsund** nach **Hiddensee, Wittower Posthaus, Wittower Fähre Breege** und zurück.

Fahrplan vom 18. Mai bis 1. September.

Abfahrt von Stralsund:
Täglich im Anschluß an den 2 Uhr 50 Minuten von Berlin hier eintreffenden Zug.

Abfahrt von Breege:
Täglich Morgens $7^1/_4$ Uhr.

Passagiergeld: (Retour-Billets 14 Tage gültig.)

	1. Platz.	2. Platz.	1. Platz.	2. Platz.
Stralsund—Breege	1,50	1,00	2,50	1,50
Stralsund—Wittower Fähre Stralsund—Wittower Posthaus	1,25	0,75	2,00	1,25
Stralsund—Hiddensee	1,25	0,75	2,00	1,25

Anzeige Juli 1888

Dampfer Caprivi legt ab 1896 regelmäßig in Kloster an

Die Caprivi am Anleger in Vitte

Im Auftrag von Kapitän Gustav Bentzien, aus Ribnitz wurde 1889 auf der Maschinen- und Schiffbauanstalt Julius Kesseler, in Greifswald, der eiserne Schraubendampfer Caprivi gebaut. Der Dampfer war mit 54 BRT vermessen, war 18,53 m lang und 4,02 m breit. Als Antrieb diente eine Compound-Dampfmaschine, mit einer Leistung von 60 PS. Das Schiff hatte eine Schraube und erreichte 6,5 Knoten. An Bord hatten 120 Passagiere Platz, die Besatzung bestand aus vier Mann.
Nach einigen, wenig lohnenden Fahrten zwischen Ribnitz und Wustrow hoffte Gustav Bentzien auf ein besseres Geschäft auf der Linie Stralsund–Devin. Aber auch hier war kein Geld zu verdienen. 1892 brachte er seine Caprivi auf der Linie Wiek (Rügen)–Stralsund zum Einsatz.

Die Caprivi in Breege, Postkarte 1908

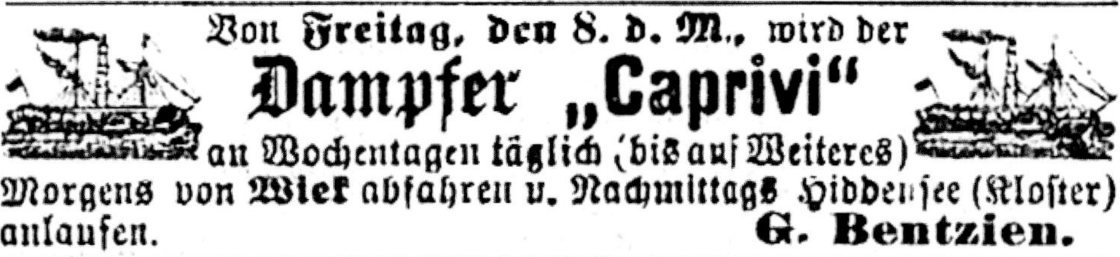

Von Freitag, den 8. d. M., wird der
Dampfer „Caprivi“
an Wochentagen täglich (bis auf Weiteres)
Morgens von Wiek abfahren u. Nachmittags Hiddensee (Kloster)
anlaufen. **G. Bentzien.**

Anzeige vom 19. Juli 1892

Der kleine Dampfer konnte neben Passagieren nur geringe Mengen an Frachtgütern befördern. Ein Zeitungsartikel von 1911 gibt einen kleinen Einblick über die Aktivitäten im Hafen von Wiek. Neben dem kleinen Tourendampfer Caprivi sollen die beiden Tourensegler Fritz Klickow mit seinem Schoner Antonie und Herr Hopp mit seinem Segler Berta an dieser Stelle genannt werden. Zur gleichen Zeit wurden für Wiek noch zehn Zeesenfahrzeuge, ein Hochseefischkutter und einige kleinere Fischerboote genannt. Außerdem mehrere Schleppdampfer für Rübenkähne, Regierungsdampfer, Zoll- und Lotsenfahreuge und Vergnügungsdampfer. Insgesamt 57 Schiffe mit einem Gesamtraumgehalt von 7234 Tonnen gleich 14.468 Kubikmetern. Gestatten Sie mir an dieser Stelle aus dem Buch von Wolfgang Rudolph „Die Insel der Schiffer“, Hinstorff-Verlag Rostock, 1962 eine kurze Passage zu übernehmen.

„So zankte sich der Tourensegler Klickow – „Fritz Schneidig“ – einmal lauthals mit Gustav Bentzien herum:„ …… *du büst jo goar keen Schipper!! 'n Droschkenkutscher büst du! Möst jo awfoahr'n, wenn de Klock sleit! Ick bün 'frien Mann, ick foahr, wann ick dat will !!!“ „Oder wenn Toni di dat Kummando giwwt, meenst du woll, wat?“ Parierte Bentzien.*

Durch den damaligen Gutspächter Luhde wurde Gustav Bentzien veranlasst, mit seinem Dampfer wenigstens im Sommer auch regelmäßig Kloster anzulaufen. Als 1888 auf dem Dornbusch der Leuchtturm erbaut wurde, ließ die damalige Wasserbauverwaltung nach Kloster eine Fahrrinne baggern und dort ein Bollwerk errichten. Bentzien willigte ein, verlangte dafür aber eine monatliche Beihilfe von 50,-Mark. 1896 eröffnete die Caprivi erstmals eine regelmäßige Verbindung mit der Insel. Bekanntester Passagier dieser Zeit war Gerhard Hauptmann. Auch sollte der damalige Steuermann des Dampfers Heinrich Graap nicht unerwähnt bleiben, ein echter Seemann, der den beiden ältesten Söhnen des Dichters, auf der Fahrt von Stralsund nach Kloster im kleinen Ruderhaus des Dampfers von seinen Abenteuern erzählte. Der Verkehr entwickelte sich so gut, dass er bereits nach drei Monaten auf diese finanzielle Beihilfe verzichtete. Während der Wintermonate wurde der Dampfer im Dienst zwischen Wiek und Stralsund genommen. Ab Mai 1905 wurden die Caprivi und auch die Germania (I) zusätzlich im Postdampferverkehr, zur Beförderung von gewöhnlichen und eingeschriebenen Briefsendungen nach Altenkirchen, Breege, Wiek und Vitte mit eingesetzt. Im Herbst des gleichen Jahres erfolgte in Stettin ein Umbau des Dampfers. Die Caprivi wurde um vier Meter verlängert und erhielt einen neuen, bei Christiansen & Meyer in Hamburg erbauten Kessel. Außerdem hatte sich die Platzvermessung auf 162 Passagiere erhöht.
Zur Zeit des Ersten Weltkrieges ging der Verkehr nach Hiddensee erheblich zurück. Gustav Bentzien setzte seinen Dampfer nun auch zur neu errichteten Seefliegerstation Bug (Halbinsel Wittow) über. 1917 kaufte die Stralsunder Firma von Carl Wothke das Unternehmen von Gustav Bentzien.

Dampfer VORWÄRTS

Der Dampfer VORWÄRTS in Warnemünde, Foto: Herman Bechlin

Zur Halbinsel Wittow, speziell zum Hafen Wiek, gehörte, wenn auch nur für kurze Zeit, auch der Dampfer VORWÄRTS. Eine passende Abbildung vom Schiff im Raum Rügen, Hiddensee oder Stralsund stand leider nicht zur Auswahl. Die alte Aufnahme von Hermann Bechlich zeigt den 1877 auf der Rostocker Neptunwerft erbauten Dampfer um 1890 in Warnemünde.

Eingesetzt wurde die VORWÄRTS bis 1917 auf der Unterwarnow, zwischen Rostock und Warnemünde. Neuer Eigner wurde der Schiffer Carl Hansen aus Lieschow (Halbinsel Lieschow auf Rügen). Als Heimathafen war Stralsund eingetragen. Am 8. November 1919 fand im „Deutschen Hause" in Wiek eine Versammlung zur Gründung einer Aktiengesellschaft zwecks Übernahme des Dampfers VORWÄRTS statt. Kurze Zeit vorher hatte der Kaufmann Skowronek das Schiff in Wiek vom Schiffer Hansen für 30.000 Mark gekauft und regelmäßige Fahrten zwischen Wiek und Stralsund aufgenommen

Historische Ansichtskarte vom Hafen in Wiek

Etwa 20 Personen zeichneten für das Unternehmen. Am 19. November 1919 meldete die „Stralsundische Zeitung“: „Das Dampfschiff Vorwärts, letzter Besitzer Kaufmann Skowronek, wurde mit vollständigem Inventar einschließlich des kleinen Geräteschuppens auf dem hiesigen Bollwerk 1920 an eine neu gegründete Gesellschaft für 35.000 Mark verkauft.“

Fracht- u. Passagierdampfer
„Vorwärts“
Wiek a. Rg.
verkehrt vom 23. d. Mts. zwischen
Wiek und Stralsund.
Ab Wiek Montag 7 Uhr,
ab Stralsund 2 Uhr,
ab Wiek Dienstag 7 Uhr.
Mittwoch ab Stralsund 1 Uhr,
Donnerstag ab Wiek 7 Uhr,
Freitag ab Stralsund 1 Uhr,
Sonnabend ab Wiek 7 Uhr,
ab Stralsund 2 Uhr.
Reederei Skowronek.

Anzeige Reederei Skowronek vom 21. Oktober 1919

Bei dieser neuen Gesellschaft handelte es sich um die Wieker Dampfer-Genossenschaft, die diesen Dampfer im gleichen Jahr an August Prätz nach Stralsund verkaufte. Bereits 1921 soll die VORWÄRTS nach Bremerhaven verkauft und dort abgebrochen worden sein.

Historische Postkarte vom Hafen in Wiek mit der 1914 fertiggestellten Kreidebrücke

Die Kreideverladebrücke als technisches Denkmal im Juli 2013, Foto: Claus Rothe

Das Kontrollboot LUMME *vom Wasserstraßenamt Stralsund 1982 im Hafen von Wiek, im Hintergrund die Kreidebrücke, Foto: Claus Rothe*

Dampfer Hebe

Der Dampfer Hebe in Anklam, Postkarte: Sammlung Alexander Jenak

Dieser Passagier- und Frachtdampfer ist nicht so bekannt geworden, beförderte aber auch Fahrgäste nach Hiddensee und Rügen. Gebaut wurde er 1880 bei P. Larsson in Thorskog (Schweden), mit 64 BRT vermessen, 24,81 m lang und 4,46 m breit. Angetrieben wurde die Hebe von einer Dampfmaschine mit einer Leistung von 100 PS. Sie erreichte eine Geschwindigkeit von 7,5 Knoten. Die Besatzung bestand aus fünf Mann.

Ab 1880 war Johann Giese aus Stralsund der erste Besitzer. Er beschäftigte das Schiff in der Passagierfahrt, vorwiegend auf der Linie Stralsund–Lauterbach–Seedorf. Seine letzte Extrafahrt nach Hiddensee, mit sechs Stunden Aufenthalt auf der Insel, einer vorhandenen Landungsbrücke und angekündigtem Gesang und Vorträgen an Bord, wurde für Sonntag, 11. September 1887 angeboten.

Letzte Extrafahrt

bei günstigem Wetter am Sonntag, den 11. Septbr., nach

Hiddensee per Dampfer „Hebe".

Abfahrt 8½ Uhr Morgens. Rückfahrt 4½ Uhr Abends.
Preis für hin und zurück M. 1,50. Kinder die Hälfte.
Gesangs-Vorträge an Bord. Aufenthalt auf Hiddensee
6 Stunden. Landungsbrücke vorhanden. Giese.

Anzeige für die letzte Extrafahrt nach Hiddensee am 11. September 1887

Lokales und Provinzielles.

Stralsund. An sämmtlichen Schulen der Provinz Pommern beginnen die diesjährigen Sommerferien am Mittwoch, den 4. Juli, und dauern bis zum Mittwoch, den 1. August.

— — Am heutigen Tage unternahmen die Lehrer des Realgymnasiums mit den verschiedenen Klassen der Anstalt Ausflüge in die Umgegend von Stralsund. Die oberen Klassen bis Unter-Sekunda inklusive begaben sich mit dem ersten Zuge nach Bergen, um von da aus nach Ralswiek zu gehen. Dieselben werden mit dem Abendzuge von Bergen zurückerwartet. Die Ober-Tertia I. brach bei Zeiten nach Abtshagen auf. Die Ober-Tertia II., die Unter-Tertien und Quarta fuhren früh um 7 Uhr mit dem Dampfer „Hebe" nach Göhren ab. Die Sexta und Quinta wird sich heute Nachmittag auf dem „Bock" belustigen. Während selbstredend für die Klassen bis Quarta der Unterricht für den ganzen Tag ausfiel, wurden die beiden unteren Klassen, da sie erst am Nachmittag aufbrechen, am Vormittag bis 11 Uhr unterrichtet. — Hoffentlich hält sich das Wetter und kehren die Ausflügler wohl und munter zurück.

Anzeige in der Stralsundischen Zeitung vom 29. Juni 1888

Im Juli 1889 kaufte Kapitän Eduard Henck aus Anklam die HEBE um sie, neben dem Dampfer ANKLAM PAKET für die Güterfahrt Anklam–Stettin einzustellen. Noch vor 1920 gehörte das Schiff als HEBE der Pommern-Mecklenburger Dampfschiffs GmbH, Anklam. Umbenannt in OTTO IPPEN 28 gehörte es bis 1928 der Stettiner Reederei Hermann Otto Ippen. 1928 erfolgte ein Umbau zum Frachtmotorschiff und 1937 die Umbenennung in GÜTZKOW, eingetragen für die Ippen-Linie Reederei AG Hamburg. In der Signalliste war das Schiff 1939 noch eingetragen, der Verbleib nach 1945 ist ungeklärt.

Dampfer KÄTE

Die KÄTE in Stralsund, Foto: Otto Pfeiffer

Der kleine Fahrgastdampfer wurde 1882 bei der Firma Julius Kesseler in Greifswald, im Auftrag von Herrn Albrecht erbaut. Vermessen war die KÄTE mit 53 BRT, hatte eine Länge von 24,02 m und war 4,13 m breit. Mit seiner Compound-Dampfmaschine, 70 PS Leistung, erreichte der Dampfer ca. 6,5 Knoten. An Bord war Platz für 244 Passagiere und die Besatzung bestand aus fünf Mann.

Nach Fertigstellung des eisernen Dampfers in der Kesselerwerft Greifswald konnte dieser nicht wie üblich vom Stapel gelassen werden, sondern wurde, wie alle Schiffe dieser Werft, auf großen Rollwagen quer durch die Stadt befördert. Mittels einer besonderen Vorrichtung konnten sie dann am Ryck (Fluss, der bei Greifswald in die dänische Wiek als Teil des Greifswalder Boddens mündet) dem nassen Element übergeben werden. Der Auftraggeber beschäftigte die KÄTE von Greifswald und Wieck aus nach Stralsund, Wolgast, Anklam und den nahen Seebädern Rügens. Aber auch Hiddensee war im Programm des kleinen Dampfers.

S. D. „Käte“

Kapitän **H. Lerch**

fährt

Sonnabend 7 Uhr 30 Min. früh

nach Lauterbach—Baabe

hin und zurück.

Montag, 2. 8. 09, früh **9,15 Uhr**

anstatt 7 Uhr 30 Min.

(das Schiff kommt von Greifswald)

nach Hiddensee—Breege

hin und zurück.

Gute Restauration an Bord.

C. Faust junior.

Anzeige vom 31. Juli 1909

In einem Zeitungsbericht vom August 1903 wurde folgendes geschrieben: *„Stralsund, 10. August. Die Extrafahrt nach Hiddensee, diesem lieblichen Eiland, dem Helgoland der Ostsee, kommen von Jahr zu Jahr mehr in Aufnahme, und war es daher mit Freuden zu begrüßen, daß Herr Faust in den Fahrplan der „Käte“ auch die Tour nach Hiddensee mit aufgenommen hat. Leider ist die letzte Strecke des Fahrwassers sehr schmal und ganz unbegreiflicherweise sind eine Anzahl Seezeichen, die von dem Sturm dieses Sommers fortgespühlt oder aus anderen Ursachen verschwunden sind, nicht sofort wieder ergänzt worden. Das daher kürzlich die „Käte“ festkam, ist deshalb nicht zu verwundern. Herr Faust hat nunmehr veranlaßt, daß event. Auf seine Kosten die Seezeichen erneuert werden, und ebenfalls ist derselbe mit Erfolg dahin vorstellig geworden, daß die Fahrrinne ausgebaggert und verbreitert wird, denn die Verbesserung dieser Fahrstraße ist im allgemeinen öffentlichen Interesse dringend geboten.“*

Die Käte an der Fischbrücke im Hafen Stralsund, Sammlung Bernd Goltings

1903 gehörte die Käte also bereits dem Reederei- und Speditionsunternehmen C. Faust Junior, mit Sitz in Stralsund und Greifswald. Von Juni bis August 1906 wurde der Dampfer unter dem Kommando von Kapitän Schacht zwischen Stralsund, Rügen und Hiddensee beschäftigt. An jedem Montag und Mittwoch legte die Käte an der Fischbrücke im Stralsunder Hafen, mit Kurs auf Kloster ab. Nach zweieinhalb Stunden war Kloster ohne Zwischenhalt erreicht. Der Fahrpreis für die einfache Fahrt betrug eine Mark, für Hin- und Rückfahrt 1,20 Mark. Außer ab Stralsund wurde der Dampfer auch für Fahrten von den Häfen Rügens nach Hiddensee genutzt. Gelegentlich setzte die Reederei ihr Schiff auch für Boddenfahrten ein. Sichere Angaben über einen Umbau des Schiffes 1907 liegen nicht vor. Umbenannt in Möwe wurde im Jahr 1917 der Dampfer Eigentum der „Dampfschiff- und Motorboot-Gesellschaft Saßnitz". Ab 1924 war das Schiff als Putbus für die „Saßnitzer Dampfschiffahrtgesellschaft m.b.H, Saßnitz" eingetragen.

Als Möwe in Fahrt vor Rügen

Bis 1929 blieb Saßnitz Heimathafen des Schiffes, es war oft für Fahrten von Saßnitz über Thiessow nach Wieck und Greifswald beschäftigt. Umbenannt in Greif; mit Heimathafen Greifswald, war er ab 1929 noch für längere Zeit dort im Einsatz. Über den weiteren Einsatz oder Verbleib konnten keine genauen Angaben gefunden werden.

Dampfer Arkona der Saßnitzer Dampfschiffs-Gesellschaft m.b.H. vor der Rügener Kreideküste

Der zweite Dampfer der Stralsunder Reederei C. A. Beug mit dem Namen Germania

Die Germania liegt im Hafen von Breege um 1914. Das Foto ist ein Geschenk von Heinz Wittig.

Die Linie Stralsund – Breege übernahm die Reederei C. A. Beug und stellte dafür ihren zweiten Dampfer mit dem Namen Germania in Dienst. Die Germania (II) lief 1888 als Fracht- und Fahrgastschiff Johanna, unter dänischer Flagge auf der Werft von Heinrich Brandenburg in Hamburg vom Stapel. Unter dem Namen Esbjerg, noch immer unter dänischer Flagge kam der Dampfer in den Besitz der Stralsunder Reederei C. A. Beug, Inhaber Jacob Carl August Beug. In der „Stralsundischen Zeitung“ vom 9. Juni 1899 wurde das neue Schiff wie folgt beschrieben:

„Stralsund, 9. Juni (Der Dampfer „Esbjerg“) den die Firma C.A. Beug hierselbst durch Vermittlung des Herrn Karl Mortensen zu Bremen für die Linie Stralsund–Breege gekauft hat, ist im Jahr 1888 in Hamburg erbaut. Das Schiff hat einen Raumgehalt von 31,26 Netto-Reg. -Tons und besitzt zwei Maschinen in Stärke von 88 indizierte Pferdestärken, die eine Geschwindigkeit von etwa 10 Knoten geben. Der Dampfer faßt 250 Personen. Die Kajüten sind groß und bequem eingerichtet. Im Herbst soll von der einen Kajüte ein Teil abgetrennt und zu Laderäumen umgestaltet werden. Das Schiff wird gegenwärtig repariert und soll nach der vorgeschriebenen Kesselbesichtigung nur Passagiere und kleine Frachtgüter zwischen hier und Breege befördern“.

An der Fährbrücke in Stralsund, Ansichtskarte aus der Sammlung von Heinz Zimmermann

Umbenannt in GERMANIA erfolgte am 18. Mai 1899 die Eintragung in das Stralsunder Schiffsregister, unter Registernummer 1063. Der aus Breege stammende Herrmann Luckow, bereits Kapitän auf der ersten, 1874 erbauten GERMANIA (I) der Reederei C. A. Beug, führte den Dampfer von 1899 bis 1914. Mit dem Salondampfer wurden werktags um 15.15 Uhr ab Stralsund Fahrten über Hiddensee (Fähre), Wittower Fähre, Vieregge nach Breege angeboten. Am darauffolgenden Tag fuhr die GERMANIA (II) um 07.15 Uhr auf der gleichen Route von Breege zurück nach Stralsund. Unter dem Kommando von Kapitän Hermann Luckow setzte die Reederei ihre GERMANIA in den Sommermonaten auch für Fahrten von Breege nach Lietzow ein. Extrafahrten nach Hiddensee oder Lietzow wurden von den Urlaubern angenommen und garantierten dem Unternehmen eine gute Auslastung.

Nach einem kurzen Dienst bei der Kaiserlichen Marine, wurde dieser Dampfer 1917 oder 1918 an Schütte nach Geestemünde verkauft. Eine Eintragung in das Schiffsregister Geestemünde erfolgte am 27. Februar 1918, unter Registriernummer 471. Einige Monate als Fischereifahrzeug, mit Kennzeichen PG 242 genutzt, gab es nochmals einen Eignerwechsel. Das Schiff ging am 6. Juni 1920 an Pottlitz nach Lübeck und im Juli 1920 erfolgte in Bremerhaven der Abbruch des Schiffes.

Die GERMANIA *(II) auf der Fahrt zum Ostseebad Breege, Postkarte von Markert & Sohn*

Große Sonderfahrten

von Breege nach Lietzow und Lietzow via Breege nach Hiddensee und zurück

am Sonntag, den 25. Juli u. 1. August cr.

mittelst des Salondampfers „Germania"

Kapitän Luckow.

Fahrplan:

1. Breege ab morg. . . . 6^{45}	4. Hiddensee ab nachm. . 4^{30}
2. Lietzow ab morg. . . . 9^{30}	5. Breege ab nachm. . . 6^{30}
3. Breege ab morg. . 11^{00}	6. Lietzow ab nachm. 8^{00}

7. Breege an nachmittags 9^{30} Uhr.

Fahrpreise: Breege—Lietzow 1.25 M., Breege—Hiddensee 1.25 M., Lietzow—Hiddensee 2.00 M. pro Person für Hin- u Rückfahrt, Kinder die Hälfte.

Restauration an Bord.

C. A. Beug, Stralsund.

Sonderfahrt der GERMANIA *(II) nach Lietzow 1909*

Die Entwicklung des Tourismus auf Hiddensee im 19. Jahrhundert

Freeses Gasthof „Zur Ostsee" in Vitte 1892, Foto: Hermann Noack

Zu Pfingsten *eröffne ich nett und fein*
Die Bauernschänke *zu* Grieben,
Doch sollen Sie hochwillkommen mir sein
In meiner „Bergwaldschänke" *klein,*
„Eremitage" *wird sie geschrieben!*
Am 1. verweile ich am offenen Meer-
Den 2. am Sunde in Altefähr!
Und ist auch nicht Alles *schon* fertig heut:
Geduld! *Es wird in nächster Zeit!*

A. Ettenburg

Schulklasse mit ihrem Lehrer vor den Resten des Torbogens des ehemaligen Zisterzienser Klosters 1892, Foto: Hermann Noack

Am 26. August 1887 wurde in der „Stralsundischen Zeitung" eine Bäderstatistik über den Besuch von Ostseebädern veröffentlicht.
So besuchten:
Ahlbeck 3496, Binz 1976, Breege 214, Göhren 1772, Heringsdorf 5580, Kolberg 6562, Krampas 1750, Lohme 781, Misdroy 5600, Prerow 629, Putbus 1816, Sassnitz 3103, Swinemünde 3501, Thiessow 238, Zingst 420, Zinnowitz 2252 Personen.
Langsam entwickelte sich auch auf Hiddensee der Badebetrieb, wenn auch die Unterkünfte weiterhin sehr bescheiden waren. Die Schönheit der Insel zog immer mehr Besucher an. War doch nun eine echte Möglichkeit geschaffen direkt mit dem Dampfer zum „Söten Länneken" zu gelangen. Alexander Ettenburg, „Einsiedler auf Hiddensee", nannte die Insel das Helgoland der Ostsee.

Extra-Fahrt
nach Hiddensee-Kloster.

Bei günstiger Witterung an beiden Pfingstfeiertagen.
Abfahrt von Stralsund Morgens 9 Uhr
" " Hiddensee Nachm 6 "
Fahrpreis à Person 1 Mk., Kinder die Hälfte. Billets gelten nur für einen Tag.
Gute Restauration an Bord.

G. Bentzien.

Insel Hiddensee,
genannt das „Helgoland" der Ostsee!!

Zu **Pfingsten** eröffne ich nett und fein
Die **Bauernschänke** zu **Grieben**,
Doch sollen Sie hochwillkommen mir sein
In meiner „**Bergwaldschänke**" klein,
„**Eremitage**" wird sie geschrieben!
Am 1. verweil ich am **offenen Meer** —
Den 2. am **Sunde in Altefähr!**
Und ist auch nicht **Alles** schon **fertig** heut:
Geduld! Es wird in nächster Zeit!

A. Ettenburg,
gen. der Einsiedler auf Hiddensee!

Anzeige von A. Ettenburg vom 19. Mai 1899

Zuerst entwickelte sich Vitte zum Badeort. Verschiedene Hausbesitzer ließen die Häuser durch Anbauten vergrößern und stellten ihren Betrieb auf den Badeverkehr ein. Im Jahre 1900 kam es zur Gründung eines „Bade-Interessenvereins". In dieser Zeit fehlte in Vitte jedoch eine Anlegestelle für Ausflugsschiffe, was für die Entwicklung des Ortes ein erhebliches Hindernis war. Am 29. April 1905 eröffnete Herr Professor Dr. Bremer aus Halle als erster Badegast in Vitte die Badesaison. Wie die Zeitung darüber berichtete hatte er zwei Bäder in offener See genommen, die ihm nach eigener Aussage sehr gut bekommen sind.

Das neue Motorschiff Dornbusch am Bollwerk in Vitte 1938

Foto von Vitte Anfang der 1920er-Jahre, Archiv der Insel Hiddensee

Das Motorschiff Deutsch Sowjetische Freundschaft *„DSF" hat neue Gäste und viele Fahrräder nach Vitte gebracht. Ende der 1980er-Jahre, Foto: Dieter Andre*

Der ehemalige Binnenschlepper Kama als Ferienunterkunft in Neuendorf

Das Wohnschiff Kama war ein ehemaliger Heckradschlepper der Deutschen Binnenreederei Berlin (DBR). Gebaut wurde der Dampfer 1910 auf der Werft der Gebrüder Sachsenberg m.b H in Rosslau an der Elbe als Prignitz und hatte die Baunummer 633. Auftraggeber war das Unternehmen Albrecht & Co., aus Wittenberge. In der Zeit von 1945 bis 1951 gehörte das Schiff zur sowjetischen Oder-AG. Bis etwa 1967 für die DBR registriert erfolgte anschließend der Umbau zur Ferienunterkunft. 1983 wurde das Schiff in Hohensaten abgebrochen.
Technische Daten:
81 tdw, Länge: 48,24 m, Breite: 7,79 m, Tiefgang: 1,20 m. Eine dreifache Expansions-Dampfmaschine mit einer Leistung von maximal 500 PS.

Die Kama *als Ferienunterkunft in Neuendorf, Foto: Claus Rothe*

Die Kama *als Ferienunterkunft in Neuendorf am 15. Mai 1982, Foto: Claus Rothe*

Der Heckradschlepper Kama *in Fahrt auf der Elbe 1950*

Leuchttürme und Feuer – Helfer der Seefahrer und bekannte Wahrzeichen der Inseln Rügen und Hiddensee

Der nach Plänen von Karl Friedrich Schinkel 1827 fertiggestellte Leuchtturm (Schinkelturm) ist der Älteste auf Rügen und der Zweitälteste an der deutschen Ostseeküste. Älter ist nur der im 16. Jahrhundert erbaute Leuchtturm in Travemünde. Seine Inbetriebnahme erfolgte 1828, er ist 19,3 Meter hoch. Direkt neben dem alten Turm erfolgte am 1. April 1905 die Inbetriebnahme des noch immer (2020) in Betrieb befindlichen 35 Meter hohen Leuchtfeuer Kap Arkona. Beide Türme können besichtigt werden, bieten einen grandiosen Blick über Rügen, nach Hiddensee und weiter, wenn das Wetter gnädig ist. Immerhin gilt es aber vorher 180 Stufen zu erklimmen.

Das Leuchtfeuer Dornbusch, so die amtliche Bezeichnung, ist als Wahrzeichen der Insel schon vom Schiff aus oder von Rügen sichtbar. Bei gutem Wetter ist der Turm auch von Stralsund, der Halbinsel Zingst und vom umliegenden Festland zu sehen. In Betrieb genommen wurde der 28 Meter hohe Leuchtturm 1888.

Auf dem Gellen, im südlichen Teil Hiddensees erfolgte 1905 die Inbetriebnahme des „Gellenfeuers“. Den Küstenschiffen mit Kurs auf Stralsund dient dieses Quermarkenfeuer als Ansteuerungssignal für den Gellenstrom.

Kap Arkona, im Vordergrund der Raddampfer Lauterbach*, etwa um 1906*

Leuchttürme vom Kap Arkona im Jahr 2013

Urlauber auf dem Dornbusch und das Wahrzeichen der Insel im Juli 1929

Leuchtfeuer Dornbusch im August 1984, Foto: Claus Rothe

Leuchtfeuer Dornbusch im September 1988, Foto: Claus Rothe

Leuchtfeuer Dornbusch im Jahr 2015, Foto: Claus Rothe

Das Gellenfeuer im Jahr 2018, Foto: Michael Segeth

Die Motorboote des Unternehmens Büsson und Bau des ersten Anlegers in Neuendorf 1905

Das Motorboot Rügen, Foto: Hoffmann, Sammlung Henry Albrecht

Louis Büsson ließ 1905 im Vitter und auch im Neuendorfer Fahrwasser Fahrrinnen baggern und brachte drei Motorboote Rügen, Hiddensee und Stralsund zum Einsatz. Über diese wichtige Veränderung unterrichtete am 12. April und 2. Mai 1905 die „Stralsundische Zeitung" sehr informativ. Leider konnten keine technischen Daten zu den Motorbooten gefunden werden.

„Hiddensee 10. April (Brückenbau für Motorboote). Bereits seit Mitte März des Jahres wird an der Herrichtung je einer Brücke vor den Dörfern Neuendorf und Vitte auf Hiddensee für den demnächstigen Motorbootbetrieb unter Leitung des Vertreters der Motorboot-Gesellschaft, des Herrn Kapt. Koos rege gearbeitet, um die Anlage bis zum Beginn der regelmäßigen Fahrten, 1. Mai des Jahres, fertig zu stellen. Am 8. Des Monats sind, wie bereits berichtet, zwei Führer, die Herren Kapt. Nagel und Kapt. Wittmiß, nach Vegesack abgereist, um nach einigen Tagen Probefahrten die Boote auf dem Seewege nach Stralsund zu überführen, wo ihre Ankunft am 18. Oder 19. D. Mts. Erfolgen wird. Bei günstiger Witterung finden bereits Extrafahrten an den beiden Ostertagen nach Devin und anderen Orten statt."

„Das Ausbaggern der Fahrrinne zu den Anlegebrücken für die Motorboote wird hoffentlich in den nächsten Tagen beginnen. Jedenfalls wir die Arbeit von einem Stettiner Dampfbagger ausgeführt werden. Die Kosten werden das Doppelte des Anschlages übersteigen".

Motorbootfahrten.

Vom **1. Mai ab** fahren die drei Motorboote „Stralsund" „Hiddensee", „Rügen" ihre regelmäßigen Touren nach

Hiddensee und Breege

lt. Fahrplan. Das Motorboot „Hiddensee" fährt bis **auf weiteres** ab Breege 7.30 Uhr morgens, Anschluß an den Zug 9.20 vorm. Lietzow-Bergen. Abfahrt von Lietzow abends 6.30 nach Ankunft des Zuges 6.21.

Motorboot-Gesellschaft E. Büsson & Co.,

Abt. Langestraße 8.

Anzeige vom 3. Mai 1905

Zwischen Büsson und Bentzien begann ein heftiger Konkurrenzkampf. Gustav Bentzien ließ 1906 in Vitte eine zweite Anlegestelle errichten und brachte als zweites Schiff den Dampfer Falke zum Einsatz. Büsson blieb in diesem Kampf der Unterlegene. Die Motoren arbeiteten noch nicht zuverlässig genug, häufige Pannen führten zum schwindenden Vertrauen bei den Fahrgästen. Die Boote erwiesen sich auch als zu klein, sodass eine Fahrt bei ungünstigem Wetter nicht unbedingt zu den Annehmlichkeiten gehörte. Büsson musste Konkurs anmelden und Gustav Bentzien konnte vorerst das Feld wieder für sich allein behaupten.

Gründung der Reederei von August Prätz 1906 und Dampfer STRELASUND (I)

Postkarte mit der STRELASUND von der Reederei A. Prätz, Sammlung Bernd Goltings

Gustav Bentzien kaufte 1906 den schon 1883 bei der Stettiner AG. (Vormals Möller & Holberg) in Grabow gebauten Dampfer PEENE und benannte ihn in STRELASUND um. Der Dampfer war mit 59 BRT vermessen, war 27,08 m lang und 4,50 m breit. Angetrieben von einer Compount-Dampfmaschine, mit einer Leistung von 80 PS erreichte das Schiff eine Geschwindigkeit von 6,5 Knoten. An Bord war Platz für ca. 110 Passagiere, die Besatzung bestand aus vier Mann. Mit dem Ankauf des Schiffes erhoffte sich die Reederei aus Wiek größere Anteile im Ausflugsverkehr zwischen Rügen, Hiddensee und Stralsund gegenüber den Unternehmen Luis Büsson und August Prätz zu sichern. Bentzien verkaufte die STRELASUND bereits 1907 nach Stralsund an den Konkurrenten August Prätz, seinem ehemaligen Maschinenmeister, der inzwischen ein eigenes Unternehmen besaß. Bekannte Kapitäne waren H. Schluck und Robert Gau.
Gemeinsam mit dem 1911 zugekauften Dampfer HIDDENSEE, ex JOHANN SCHWEFFEL aus Kiel, Baujahr 1896, erfolgte der Einsatz bis 1923 im Linien- und Ausflugsdienst. Inzwischen als Salondampfer angepriesen, verkehrte die STRELASUND an den Werktagen von Stralsund über Neuendorf und Schaprode nach Kloster. Zusätzlich gab es sonntags Direktverbindun-

gen von Stralsund nach Kloster. Die Reederei setzte ihre Schiffe gelegentlich auch für Tagesfahrten auf der Ostsee, zur dänischen Insel Moen, nach Wiek (Rügen), Breege oder zum Seebad Zingst ein.

Von Montag, den 6. Oktbr. ab fährt
Dpfr. „Strelasund"
oder „Hiddensee"
täglich an den Werktagen nach Hiddensoe ab Kloster 7.30 Uhr, ab Schaprode 8.30 Uhr, ab Stralsund 2 Uhr nachmittags. Neuendorf auf Hiddensoe wird vom 6. Oktober ab an die Breegerlinie durch Dampfer „Möwe angeschlossen. Ab Breege Montag, Dienstag, Donnerstag und Sonnabend 7.30 Uhr früh. Ab Neuendorf Montag, Dienstag, Donnerstag und Sonnabend 9 Uhr früh. Ab Stralsund Montag, Mittwoch, Freitag u. Sonnabend 2 Uhr üb. Neuendorf nach Breege.

Reederei A. Prätz.

Anzeige vom 4. Oktober 1919

Etwa zur gleichen Zeit beschäftigte August Prätz noch die Dampfer Möwe und Deutschland. Da sich August Prätz auch mit der Schiffsbergung beschäftigte, kam es zum gelegentlichen Einsatz der Strelasund als Schleppdampfer, auch im Januar 1923. Im August 1923 verhandelte das Mecklenburgische Seeamt in Rostock über den Maschinenschaden und die Strandung der Strelasund, unweit von Dierhagen (Fischland):

Am Nachmittag des 29. Januar 1923 verließ der noch in Stralsund registrierte Dampfer, unter Führung des Hamburger Kapitäns Wilhelm Jeske der Reederei Wulkow, Lohmann und Wever, seinen Heimathafen. Im Schlepptau eine nach Kiel bestimmte kleine Dampfpinasse. Das Wetter war gut, die See war nur leicht bewegt, die „Strelasund" machte durchschnittlich sechs Seemeilen Fahrt. Am 30. Januar 12.10 Uhr, als sich der Dampfer acht Seemeilen von Hyllekrog-Feuer (Dänischer Leuchtturm Hyllekrog Baujahr 1905) befand, blieb die Maschine, deren Kessel schon geschweißt war, plötzlich stehen; der Maschinist Ruhr machte dem Kapitän die Meldung, dass der Boden des Niederdruckzylinders gesprungen sei. Mit langsamer Maschinenkraft wurde die Fahrt noch fortgesetzt, doch verzog sich der Zylinderkolben, die Belastung des Niederdruckkolbens wurde zu groß und führte den Bruch beider Kurbelbolzen herbei. Die Führung der „Strelasund" war gezwungen, auf hoher See vor Anker zu gehen. Inzwischen hatte ein steifer Wind aus Nordwest und eine unruhige See eingesetzt. Auf gegebene Notsig-

nale erschien keine Hilfe. Nachmittags; 14.00 Uhr wurde aus diesem Grund der Anker gelichtet und nun trieb der Dampfer in Ostsüdost Richtung und nachdem im Lauf des Nachmittags der Wind südlich gegangen war, in Nordost-Richtung ab. Infolge des stärker gewordenen Seegangs lag die „Strelasund" quer zur See und rollte stark. Es wurde wieder zwischen Warnemünde und Gedser geankert, um einen Zusammenstoß mit der Pinasse zu vermeiden. Mit Zustimmung des Besitzers, des Ingenieurs Onken aus Wilhelmshaven, der mit zwei Mann an Bord kam, losgeworfen und sank zehn Minuten später. Auf der „Strelasund" wurden Notsignale abgegeben und zwei skandinavische Dampfer näherten sich auch auf Rufweite. Wegen dem zu hohen Seegang gelang es aber nicht eine Verbindung herzustellen. Am 31. Januar, gegen 20.00 Uhr, flaute der Wind ab. Die Maschine wurde wieder in Gang und das Schiff mit einem Zylinder ganz langsam in Fahrt gebracht. So wurden drei Seemeilen in einer Stunde zurückgelegt. Um 21 Uhr strömte aus allen offenen Teilen der Maschine und des Kessels Dampf. Da eine Kesselexplosion vermutet wurde, setzte man ein Boot aus um die „Strelasund" zu verlassen. Die Fangleine des Bootes brach aber bald, nun trieb das Boot bei Nordwestwind in Richtung Warnemünde fort. Am 01. Februar, 11 Uhr passierte das Schiff, das von Gedser kommende Fährschiff, was dessen Notsignale anscheinend nicht beachtete. Der Dampfer trieb acht Seemeilen vor Warnemünde in Richtung Dierhagen weiter, wo um 18 Uhr auf circa sieben Meter Wasser geankert wurde. Am 02. Februar trat wieder schwerer Sturm in Stärke 9 bis 10 aus Westnordost ein. Der auf Rufweite herangekommene Dampfer „Betty" konnte wegen dem schweren Seegang auch keine Verbindung zur „Strelasund" herstellen. Bald darauf, um 13.00 Uhr brach die Ankerkette und jetzt trieb die „Strelasund" auf den Strand bei Dierhagen zu. Bis auf die Wache verließ die Besatzung den Dampfer. Vom Bergungsdampfer Rügen wurde er neun Tage später zur Rostocker Neptunwerft gebracht. Das Seeamt gab seinen Spruch dahin ab:
Der Dampfer „Strelasund" ist am 30. Januar 1923 auf der Reise von Stralsund nach Kiel; bei Fehmarn mit einer Pinasse im Schlepptau infolge Maschinenschadens manövrierunfähig geworden. Die Pinasse ist demnächst zur Rettung des Dampfers losgeworfen und gesunken. Der Dampfer selbst ist am 02. Februar bei Dierhagen gestrandet und demnächst abgeschleppt. Die Schiffsleitung trifft an der Strandung kein Verschulden.

(Originaltext aus der „Stralsundischen Zeitung" vom 25.August 1923)

Kurzes Gastspiel des Dampfers DEUTSCHLAND, 1914

Eine weniger bekannte Aufnahme des Dampfers DEUTSCHLAND,
Foto: Archiv Norden-Frisia

Schiffsnamen wie CAPRIVI oder SWANTI sind fast allen Liebhabern Hiddensees bekannt. Das im Hiddensee-Dienst auch einmal ein Doppelschraubendampfer mit dem Namen DEUTSCHLAND im Einsatz war, wissen nur die Wenigsten. Als dieser Dampfer im Frühjahr 1914 die Dampferflotte von August Prätz verstärkte, lagen bereits 20 Einsatzjahre hinter ihm. Gebaut wurde die DEUTSCHLAND 1893 im Auftrag der Norderneyer Dampfschiffsreederei „Einigkeit" auf der Werft der Gebrüder Sachsenberg Gesellschaft m.b.h. in Roßlau an der Elbe. Am 22. September 1894 erfolgte der Eintrag im Schiffsregister laut Zertifikat des Königl. Preuß. Amtsgerichts zu Emden. Von 1894 bis zum Verkauf nach Stralsund, am 10. April 1914, war sie im Seebäderverkehr zu den Nordseeinseln beschäftigt.

Unter der Flagge von August Prätz verkehrte sie in der Saison 1914, gemeinsam mit den Dampfern HIDDENSEE und STRELASUND ab der Fährbrücke in Stralsund, im Dienst Stralsund–Hiddensee. Ab Februar 1915 war der Dampfer als Untersuchungsfahrzeug Wattum/Nord und ab 22. November 1919 als WOTAN für Jebsen in Hamburg eingetragen. Im gleichen Jahr lief der Dampfer unter dem Namen POMORCZYK und vom 1. Mai 1920 bis 25. Februar 1922, umbenannt in POMORZANIN als Vermessungsfahrzeug der polnischen Handelsmarine. Im Jahr 1922 erfolgte eine Umbenennung in KASZUBA.

Im Jahr 1939 wurde der Dampfer deutsche Beute und ab dem 8.November 1940 Hilfsschiff zur besonderen Verwendung für die deutsche Kriegsmarine. Fliegerbomben versenkten 1945 das Schiff in der Danziger Wojan Werft (Werft Nr. 4) und 1950 erfolgte die Verschrottung.

Die DEUTSCHLAND im Einsatz auf der Nordsee, Foto: Archiv Norden-Frisia

Der Dampfer Deutschland auf einer Ansichtskarte der Firma Stengel, hinter dem Dampfer Strelasund im Hafen von Stralsund, Sammlung Heinz Zimmermann

Als Kaszuba Polen 1922

Dampfer Falke, ex Ditmarsia

Als Gustav Bentzien 1912 den Dampfer Falke kaufte, hatte der 1882 als Ditmarsia gebaute Salon-Passagierdampfer schon aufregende, abwechslungsreiche Jahre als Schlepp- und Fährdampfer für den Transport von Stückgütern usw. erlebt.
Im Auftrag von P.F. Petersen aus Brunsbüttel baute die Norddeutsche Schiffbau A.G., Kiel Gaarden den Dampfer und ließ ihn 1871 unter dem Namen Ditmarsia vom Stapel.
Mit 84 BRT vermessen, 27,61 m Länge und 5,28 m Breite war für den Antrieb eine 100 PS Compound-Dampfmaschine eingebaut. An Bord fanden 180 Passagiere und sieben Besatzungsmitglieder Platz.
Der Dampfer wechselte ständig den Besitzer. Ab 1882 war Sartori & Berger in Kiel als Eigner registriert, der den Dampfer in Falke umbenannte. Von 1896 bis 1910 war der Dampfer für Kapitän Robert Wilhelm Gustav Krohn in Wismar eingetragen. Von Wismar aus wurden damit verschiedene Ausflugsfahrten zu den Ostseebädern Arendsee oder dem heutigen Kühlungsborn angeboten. Der Wismaer Schiffsmakler Hermann Kasten kaufte 1910 die Falke und ließ sie in Wismar umbauen. Danach war er mit 89,76 BRT vermessen. Nach Stralsund gelangte der Dampfer 1912 durch Kauf vom Schiffer Gustav Bentzien. Nachdem der neue Besitzer in Vitte eine neue Anlegestelle bauen ließ, wurde auch Vitte in das Fahrtenprogramm aufgenommen.

Wiek a. Rüg., 5. Februar. (Neues Passagierschiff.) Kapitän Bentzien hat für die Fahrt Wiek—Hiddensoe—Stralsund ein Dampfschiff angekauft, das den Passagieren alle modernen und bequemen Einrichtungen bietet. Es trägt den Namen „Falke“. Es ist länger und breiter als der bisherige Dampfer „Caprivi“ und entwickelt eine größere Geschwindigkeit.

Ausschnitt aus der Stralsundischen Zeitung vom 7. Februar 1912

Der Dampfer Falke um 1900 beim Ausbooten, im Einsatz für Kapitän Gustav Krohn aus Wismar, Sammlung Bernd Goltings

Der Dampfer Falke in Fahrt

Die Falke *in Vitte, Postkarte um 1918, Sammlung Bernd Goltings*

Die Falke legte werktags um 07.00 Uhr in Wiek (Rügen) ab, erreichte laut Fahrplan 08.15 Vitte und machte 10.30 Uhr in Stralsund fest. Um 15.15 Uhr legte das Schiff in Stralsund wieder ab und über die Station Vitte ging es wieder zurück nach Wiek, wo er gegen 18.30 Uhr fest machte. Zur Zeit des Ersten Weltkrieges beschäftige Bentzien das Schiff vorrangig für Fahrten zur neu entstandenen Seefliegerstation Bug. Gustav Bentzien verkaufte zusammen mit allen Schiffen und Anlagen 1917 seine Reederei an Carl Wothke nach Stralsund, der das Unternehmen unverändert und korrekt weiterführte. Im August 1917 kaufte die Reederei Wilhelm Schuchmann aus Geestemünde den Dampfer, setzte ihn als Fischereifahrzeug für die Marine-Versorgungstelle in der Deutschen Bucht ein. Mit Kennnummer PG 235 ist er am 27. Dezember 1918 in der Nordsee gesunken.

Die Jahre von 1914 bis 1919

Im Gegensatz zu großen Seebädern auf Rügen blieb es auf Hiddensee und der Halbinsel Wittow weiterhin relativ ruhig. Im Jahr 1911 z. B. kamen nach Neuendorf 175, Vitte etwa 1 000 und Kloster 924 Besucher, die als Badegäste eingetragen wurden.

23.439 Badegäste besuchten in diesem Zeitraum Ostseebad Saßnitz, 14.961 das Ostseebad Sellin und Ostseebad Binz verzeichnete 25.678 Urlauber. Im Schiffsverkehr nach Hiddensee änderte sich bis zum Ausbruch des Ersten Weltkrieges nicht sehr viel, jedoch galt von den beiden hier beteiligten Reedereien das Unternehmen Bentzien, als das Zuverlässigere. Gustav Bentzien führte die Fahrten regelmäßig durch und bot den Fahrgästen einen größeren Komfort. August Prätz dagegen wendete die Hauptinteressen dem Bergungsgeschäft zu. Gelegentlich beschäftigte aber auch er seine Dampfer für Ausflugsfahrten zur Insel Moen. Nicht selten ist es vorgekommen, dass Prätz die von ihm bedienten Ortschaften im Stich und die regelmäßigen Fahrten einfach ausfallen ließ, wenn es in der Schiffsbergung mehr zu verdienen gab. Östlich von Dievenow strandete am 25. Juli 1920, nach einem Sturm, der 1890 in Dienst gestellte Seeschlepper Terschelling der Stettiner Skandia-Schiffahrts GmbH. Alle elf Besatzungsmitglieder wurden mittels eines Raketenapparates gerettet. Hinweise über den Anteil, der an den Bergungsarbeiten des Dampfers Hansa Beteiligten konnten leider nicht ermittelt werden.

Der Dampfer Hansa bei der Bergung der Terschelling am 25. Juli 1920

Im Oktober 1919 veräußerte Wothke seinen Dampfer CAPRIVI an die, am 13. Oktober 1919 neu gegründete Genossenschaftsreederei, Hiddensee GmbH, Vitte.
Dampfer FALKE hatte er schon während des Krieges an die kaiserliche Marine verkauft. Die Besatzung der CAPRIVI wurde vom neuen Eigner übernommen. Bis 1925 blieb der kleine Dampfer einziges Schiff der Reederei. Die CAPRIVI hatte sich von vornherein als zu klein erwiesen und war dem ansteigenden Verkehr in den Jahren nicht mehr gewachsen. In der Saison wurden die Urlauber der Sonderzüge teilweise mit Segelbooten von Stralsund aus abgeholt. Aber auch die Schiffe der Reederei von August Prätz konnten den Urlauberstrom nicht mehr bewältigen.

Ende der Reederei Wothke und Gründung der Genossenschaftsreederei Hiddensee 1919

Die Dampfer CAPRIVI und SWANTI

Carl Wothke, der in Stralsund eine gut gehende Spirituosenfabrik besaß, die nun wieder in Betrieb genommen wurde, hatte kein großes Interesse mehr an dem Reedereibetrieb. Er beabsichtigte deshalb, seine Reederei wieder zu verkaufen. Seinen Dampfer GUSTAV VON HAKEN hatte er bereits verkauft. Nur für eine Saison befand sich dieser Dampfer im Hiddensee-Dienst. Er wurde als OBERBÜRGERMEISTER WITTIG für die Posener Dampfer-Ges. mbH 1901 bei Paucksch in Landsberg an der Warte gebaut. Im Januar 1918 wurde Carl Wothke neuer Eigner. Er beschäftigte den Dampfer, umbenannt in GUSTAV VON HAKEN auf der Route zwischen Stralsund und Hiddensee. Carl Wothke war Buchhalter in der Essigfabrik des Kaufmanns Gustav von Haken, übernahm nach dessen Tod das Fabrikgebäude und produzierte Trinkbranntwein und andere starke Getränke.
Auf meinem Weg zum Büro am Stralsunder Hafen kam ich bei „Wothke“ an der Probierstube in der Heilgeiststraße vorbei. Der VEB Kogge in Stralsund führte das Logo mit der Kogge weiter.
„*Wenn irgendwo die Kogge blinkt, weiß man, dass man Wothke trinkt*“ oder „*Ohne Wothkes Aquavit ist das Leben schiet!*“

Probierstube in der Heilgeiststraße in Stralsund um 1956, Foto: Horst Maiwald

Am Sonntag, den 25. Mai,
fährt
Dampfer
„Gustav von Haken"
Kapitän **Gerloff**
nach
Hiddensoe—Kloster.
Abfahrt von Stralsund:
8 Uhr morgens.
Abfahrt von Kloster:
6 Uhr abends.
Fahrpreis für Hin- und Rückfahrt
3.00 M., Kinder 1.50 M.
Reederei Carl Wothke.

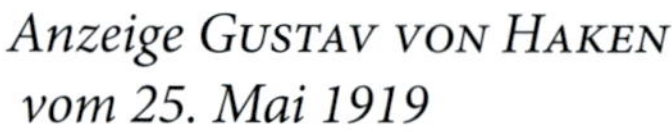

Anzeige Gustav von Haken vom 25. Mai 1919

Firmenlogo Carl Wothke

Derjenige, der das größte Interesse an der Übernahme dieser Reederei hatte, war August Prätz. Nun war es aber auch zwischen Prätz und Wothke zum Konkurrenzkampf gekommen. Prätz hatte sich in die Linie nach Wiek gedrängt und dafür lief Wothke, auch im Sommer und im Herbst 1919 Kloster an. Die Folge davon war, dass Carl Wothke unter keinen Umständen an Prätz verkaufen wollte. Der Gedanke, dass die Hiddenseer die Caprivi mit der Linie Stralsund–Vitte–Kloster selber übernehmen konnten, ging von ihm aus. Mit diesem Gedanken stieß er besonders bei den Einwohnern von Vitte auf erfreuliches Verständnis. Hier war es vor allen Dingen der Arzt Pfleging, der die Angelegenheit in die Hand nahm.

Reichsfreiherrlich Maltzansche

„HERTHA-QUELLE"

Natürliche Mineralquelle der Insel Rügen.

Vorzügliches Tafelwasser mit eigener Kohlensäure unter geringem Zusatz von künstlicher Kohlensäure gefüllt.
Aerztlich infolge seines grossen Gehaltes an Alkalien vielfach verordnet bei Gicht und Harnsalzen.

Haupt-Niederlage für Pommern:

Carl Wothke, vorm. Gustav von Haken, Stralsund.

Barth: J. C. Müller. Greifswald: Paul Rosenthal Nachf. Carl Kohn. Jarmen: Franz Wiechert. Demmin: Hugo Poppe. Gützkow: W. Radam Nachf. H. Meyer. Wolgast: J. D. Sontag. Stettin: Wendt Nachf. Max Ehrenreich.

Anzeige Hertha-Quelle vom April 1905

Anzeige Caprivi vom 1. November 1919

Die Caprivi *und die* Swanti *in Stralsund um 1930, Foto: Hans Mehlert*

Pfleging war ein unternehmungslustiger und geschäftstüchtiger Mann. Es gab nun zwei Möglichkeiten für die Hiddenseer, die bisherige Reederei Wothke übernehmen. Entweder würde eine Gesellschaft von wenigen, aber kapitalkräftigen Leuten gebildet, oder es käme zur Gründung einer Genossenschaft, deren Mitgliederschaft allen Hiddenseern offenstand. Es gab damals Leute, die den Gedanken einer Gesellschaft, auch von wenigen Interessenten, mit großem Eifer vertreten haben. Schließlich beschloss man dann doch die Gründung einer umfassenden Genossenschaft. Am 19. Oktober fand die Gründungsversammlung statt. Die Einwohner von Vitte schlossen sich, mit geringen Ausnahmen, der Genossenschaft sofort an. Zurückhaltender zeigte sich dagegen die Bevölkerung von Kloster, es traten nur 13 Einwohner der Genossenschaft sofort bei. Die Sympathie für die Reederei Prätz war noch sehr groß, da ein Teil der Einwohner die Schiffe von Prätz kostenlos benutzen konnten. In Kloster hörte man damals vielfach die Rede, dass die Genossenschaftsreederei ein tot geborenes Kind sei. Sie hat in den ersten Jahren des Bestehens, von einzelnen einflussreichen Persönlichkeiten, nicht die geringste Unterstützung erhalten. Die Genossenschaftsreederei Hiddensee wurde am 13. Oktober 1919 mit einem Bestand von 124 Mitgliedern gegründet. Auf der ersten Versammlung wurden auch noch die Verwaltungskörperschaften gewählt. Der erste Vorstand setzte sich aus Pfleging (Vitte) als erster Vorsitzender, Horst Berg (Kloster) als zweiter Vorsitzender und Paul Niemann als Geschäftsführer zusammen. Im Aufsichtsrat wurden aus Vitte Theodor Niemann, Heinrich Wolter und Heinrich Gau und aus Kloster Paul Gau, Wilhelm Mann und Max Kollwitz gewählt. Es wurde auch der Geschäftsanteil auf 200 RM festgesetzt, wobei berücksichtigt werden muss, dass schon eine Geldentwertung bestand und das Geld außerordentlich flüssig war. So war die Genossenschaft in den Sattel gesetzt und es wurde dann beschlossen, von der Reederei Wothke, den Dampfer Caprivi für 60.000 RM zu kaufen.

(Auszüge aus der Geschichte der Genossenschaftsreederei Hiddensee, aufgeschrieben von Heinrich Berg um 1960)

Hiddensoe, 17. Oktober. (Dampferkauf.) Der Dampfer „Caprivi", bisher der Reederei Wothke in Stralsund gehörig, soll von einer Genossenschaft gekauft werden, die sich aus Bewohnern der Ortschaften Vitte und Kloster gebildet hat. In Vitte fand eine Versammlung statt, in der der Kauf des Dampfers für 60 000 M. beschlossen wurde und die Genossenschaft sich konstituierte. Es werden Anteile zu 200 M. ausgegeben, die mit 5 Proz. verzinst werden sollen. Zum 1. Vorsitzenden der Genossenschaft wurde Dr. Pfleging, der Badearzt von Vitte, gewählt, zum 2. Vorsitzenden der Lehrer Berg aus Kloster, zum Geschäftsführer der Fischer Paul Niemann in Vitte. — Wie uns dazu noch gemeldet wird, ist der Dampfer „Gustav von Haaken", der gleichen Reederei gehörig, bereits verkauft; die Firma beabsichtigt, das ganze Reederei-Geschäft aufzugeben.

Zeitungsbeitrag zur Gründung der Reederei 1919

In der Ausgabe der „Stralsundischen Zeitung“ vom 24. Oktober 1919 wurde folgendes zum Thema berichtet: „Der Bade-Interessenverein Kloster-Grieben hielt im Hotel „Zum Dornbusch“ in Kloster eine Versammlung ab. Es wurde über Aufstellung von Bänken im Walde, Verbesserung des Weges zum Strande, Errichtung eines Aborts am Badestrande, Bau einer Wartehalle am Bollwerk und Anstellung eines Spediteurs beraten. Außerdem wurde beschlossen, den Badeinteressenverein in eine Genossenschaft mit beschränkter Haftung umzuwandeln, um die Mitglieder zu einer festen Organisation zusammenzuschließen. Als dringend nötig erwies sich die Anstellung eines

Strandwärters. Zum Schluss gab Lehrer Berg einen Überblick über die Ziele der Dampfergenossenschaft und forderte eindringlich dazu auf, sich an diesem gemeinnützigen Werke zu beteiligen".

Die Caprivi zu Beginn der 1920er-Jahre an der Steinklappe im Hafen Stralsund

Seit dem 1. November 1919 fuhr die Caprivi auf der üblichen Route, nun unter der Flagge der Genossenschaftsreederei Hiddensee. Die Besatzung mit Kapitän Robert Gau an der Spitze, zwei Matrosen und einem Maschinisten wurde von der Genossenschaftsreederei übernommen. Die Caprivi behielt in Stralsund ihren Liegeplatz an der Steinklappe. Die Reederei hielt auch am Ostseebädertarif fest, der mit dem Durchgangsverkehr der Deutschen Reichsbahn verbunden war. Am 29. Januar 1920 starb nach längerer schwerer Krankheit der erste Vorsitzende Dr. Pfleging. Er hatte große Verdienste bei der Gründung der Genossenschaft geleistet.

Während in den Wintermonaten nur eingeschränkter Betrieb in der Form durchgeführt wurde, dass die Caprivi viermal in der Woche verkehrte, am Dienstag und Donnerstag in Stralsund bis zum Mittwoch bzw. Freitag liegenblieb, setzte der eigentliche Betrieb erst mit Beginn der Badesaison ein. Da die Genossenschaft nur über einen Dampfer verfügte, blieb es in den ersten Jahren bei einer einmaligen Verbindung nach Stralsund und zurück. Da trat mitten in der Saison ein Ereignis ein, das die Existenz der neuen Reederei schon im ersten Jahr des Bestehens infrage stellte. Das Flammenrohr des Dampfkessels der Caprivi glühte am 5. August 1920 aus. Die Havarie erforderte den Einbau eines neuen Flammenrohres. Der Dampfer wurde zu diesem Zweck nach Stettin zu den Oderwerken überführt und lag bis Anfang November 1920 dort. Diese Arbeiten konnten nicht in Stralsund durchgeführt werden. Die Einnahmen aus dem Verkehr blieben aus und die Reparatur erforderte die Summe von rund 150.000 RM. Die Havarie des Dampfers zeigte die Notwendigkeit, einen Maschinensachverständigen in den Aufsichtsrat zu wählen, Leuchtfeuerwärter Karl Wulff wurde der neue Mann. Der Fahrpreis wurde unter Beseitigung der zweiten Kajüte zunächst auf 2,50 Reichsmark für die einfache Fahrt festgesetzt, dann aber nach Verhandlungen mit der Reichsbahn auf 3 Reichsmark erhöht. Die gute alte CAPRIVI hatte sich eigentlich von vornherein als zu klein erwiesen. Sie war besonders dem von Jahr zu Jahr steigenden Verkehr in keiner Weise mehr gewachsen. So hat der kleine Dampfer am Pfingstsonnabend 1924 neben Fracht noch 280 Personen befördert. Hätte es damals schon den strengen Reichswasserschutz, welcher die Überladung der Schiffe regulierte, gegeben, hätte der Dampfer sehr viele Personen in Stralsund zurücklassen müssen. Das Publikum der Sonderzüge musste in der Saison teilweise mit Segelbooten aus Stralsund abgeholt werden, da es Motorfahrzeuge damals auf der Insel noch nicht gab. Eine zweite Verbindung hatte sich aufgrund des steigenden Urlauberstroms als notwendig herausgestellt. Die außerordentliche Generalversammlung vom 3. August 1924 stimmte dem Bau eines neuen Schiffes zu. Die Genossenschaftsreederei hatte sich in der Frage des Baues oder der Beschaffung weiteren Schiffsraumes auf einen anderen Standpunkt gestellt als andere Reedereien. Die Reederei August Prätz hat während der Zeit des Bestehens niemals einen Neubau auf Stapel gelegt. Die „Saßnitzer Dampfschiffs-Gesellschaft m.b.H.“, die 10 Schiffe besaß, hatte von diesen Schiffen nur Eines selbst bauen lassen, die restlichen alt gekauft. Alle Schiffe, die häufiger ihre Besitzer wechselten, taugten nichts. Der Niedergang der Reederei Prätz ist zum Teil auf diese sehr betagten Schiffe zurückzuführen. Die Entscheidung über die Frage, ob Dampfer- oder Motorschiff, die Auswahl einer geeigneten, leistungsfähigen Werft wurden dem Vorstand und Aufsichtsrat übertragen. Die beiden Körperschaften haben sich dann dafür entschlossen, es für dieses Mal noch bei der altbewährten Dampfmaschine zu belassen. Die Schiffsbauunternehmen waren in dieser Zeit noch wenig ausgelastet und so bewarben sich die verschiedensten Werften um den Bau. Von diesen blieben schließlich zwei zur engeren Wahl übrig. Die Werft von Georg Schuldt in Stralsund und die Oderwerke in Stettin, die dann auch den Auftrag erhielt. Im März 1925 lief auf den Stettiner Oderwerken der Dampfer SWANTI für die Genossenschaftsreederei Hiddensee GmbH vom Stapel. Die Taufe vollzog Frau Helene Berg mit einem vom Hiddenseer Pastor Arnold Gustavs gedichteten Taufspruch:

„Hiddensee sast Du hüren
Robert Gau sall Di stüren
Tau Water sast Du fleiten
Swanti sast Du heiten."

Als Kapitän wurde Robert Gau eingesetzt.
Zur Besatzung gehörten außerdem Maschinist Voss, Kassierer Ernst Witt und Matrose Schumacher.

Der Kapitän Robert Gau, Sammlung Bernd Goltings

Die „Stralsundische Zeitung" berichtete am 4. Mai 1925 über die Jungfernreise:

„Nach glücklich verlaufener Probefahrt am Sonnabend von Stettin nach Swinemünde dampfte die „Swanti" Sonntag morgen gegen 7 Uhr mit mehreren Hiddensoer Familien und Ehrengästen an Bord von Swinemünde ab und machte nach flotter Fahrt um die Mittagstunde im Stralsunder Hafen fest. Hunderte von Menschen umsäumten das Bollwerk als die „Swanti" gegen 3 Uhr in Flaggenparade zu seiner ersten Fahrt nach dem „söten Länneken" in See ging, und Tücherwinken und Glück-auf-Rufe begleiteten das schimmernd weiße Schiff. An Bord bei dem herrlichen Frühlingswetter festlich gehobene Stimmung. Ruhig zieht das majestätische Schiff, von Kapi-

tän Gaus kundiger Hand geführt, seine Straße, teilt die sonnendurchglänzte blaue Flut und flinke Möwen bringen ihm die ersten Grüße seiner neuen Heimat. Auf Hiddensoe ist alles schon in fieberhafter Erwartung; von den Dächern hält man mit Ferngläsern Ausguck und als die „Swanti" endlich am Vitter Bollwerk anlegt, kennt der Jubel keine Grenzen. Der ganze Ort ist auf den Beinen, von allen Häusern wehen die Fahnen, am Bollwerk ist ein Triumphbogen errichtet, in dessen Mitte ein Schild mit der Aufschrift „Hipp hipp hurra Swanti". Eine Stunde währt der Aufenthalt und als die Fahrt weiter geht, bleiben die meisten Vitter an Bord. In Kloster ist das Bollwerk mit Tannengrün und Fahnen geschmückt, auch hier tragen die Häuser reiche Flaggenzier und der Herr Amtsvorsteher begrüßt die „Swanti" mit einer kernigen Ansprache, die in dem Wunsche ausklinkt, daß dem Schiff recht viel glückhafte Fahrten und der Insel ein reicher Zustrom von Gästen beschieden sein möge" (etwas gekürzt, Schreibweise Hiddensoe)

Der Dampfer Swanti

Die Caprivi dampfte zur fälligen Überholung nach Stettin, in die Oderwerke. In den zurückliegenden Jahren war sie ohne nennenswerte Unterbrechung im Einsatz, für Reparaturen fehlte den unterschiedlichen Besitzern die Zeit. Als nicht bindenden Kostenvoranschlag hatten die Oderwerke

25.000 RM veranschlagt. Auf der Abschlussrechnung standen dann 41.000 RM. Der Termin der Fertigstellung wurde um einige Tage überschritten, der Dampfer konnte nicht, wie in den Kursbüchern veröffentlicht war, am 1. Juli die Morgentour von Stralsund nach Vitte und Kloster wieder aufnehmen. Als Ersatz charterte die Genossenschaftsreederei für kurze Zeit den kleinen Dampfer ANNA vom Kaufmann Karl Frenck aus Altefähr.

Der Dampfer ANNA vom Kaufmann Karl Frenck aus Altefähr

Der Zustand des Dampfer CAPRIVI hatte sich zu Beginn der 1930er-Jahre derart verschlechtert, dass er 1935 keine Fahrterlaubnis mehr erhielt, 1935 stillgelegt und aus dem Bestand der Reederei gestrichen wurde. Die Genossenschaftsreederei verschenkte im gleichen Jahr das Schiff an die Hitlerjugend. Als HJ-Heim STÖRTEBEKER hatte sie danach ihren Liegeplatz im Hafen Kloster. Die Reste des ehemaligen Dampfers wurden 1948 in Stralsund verschrottet.

HJ Heim Störtebeker ex Caprivi in Kloster, Foto: Archiv Insel Hiddensee

Der Dampfer Stubbenkammer der Saßnitzer Dampfschiffs-Gesellschaft m.b.H., Foto: Max Dreblow

Die Auslastung der neuen Morgenverbindung Stralsund–Vitte–Kloster, als Ausflugsverbindung bezeichnet, lief für die Reederei nach der Werftablieferung sehr gut. Der Fahrpreis für diese Tagestour betrug 3,- RM. Mit dem neuen Schiff wurden für 6 RM auch Fahrten nach Saßnitz auf der Insel Rügen angeboten. Auch die Auslastung dieser Routen war für die Hiddenseer sehr erfolgreich, bereits im Vorverkauf waren die Karten

sehr begehrt. Zusätzliche Einnahmen hatte die Genossenschaft durch eine besondere, weniger bekannte Dienstleistung für die Saßnitzer Dampfschiffs-Gesellschaft m.b.H. Diese Rügener Reederei setzte ihren großen Dampfer STUBBENKAMMER (Baujahr 1925, 104 BRT Länge 33,00 m Breite 6,60 m Tiefgang 1,80 m, 250 Fahrgäste) auch für Fahrten nach Hiddensee ein. Wegen dem zu großen Tiefgang musste er im Libben (eine Bucht zwischen Hiddensee und Rügen) vor Anker gehen. Die cleveren Hiddenseer setzten das Schiff, was für die Morgentour im Einsatz war und tagsüber in Kloster lag, auch zur Beförderung der Fahrgäste des Rügener Schiffes zur Insel Hiddensee und zurück ein. Für jeden Fahrgast erhielten die Hiddenseer nun eine Reichsmark. Die Kosten für die Reparatur der CAPRIVI konnten in der Bilanz vom 31. Dezember 1925 zu einem großen Teil abgeschrieben werden.
Der Kampf um eine maximale Auslastung der Schiffe nach Hiddensee war keine einfache Sache. Auf der gleichen Route wie die Genossenschaftsreederei aus Vitte, war auch die Reederei von August Prätz aktiv.

Morgen, Sonnabend abend
Promenadenfahrt
mit Musik
mit Dampfer „Altefähr“
Abfahrt von der Fährbrücke 1/2 10 Uhr.
— Fahrpreis 1.— Mark —
Fährgesellschaft Altefähr.

Extrafahrt
nach Hiddensoe — Kloster
am Sonntag, den 5. Juli
per Dampfer „Hiddensee“
Kapt. Gau.
Abfahrt von Stralsund 8,15 Uhr vorm.
„ „ Kloster 7,00 „ nachm.
Ankunft in Stralsund 9,00 „ „
Reederei A. Prätz.

Anzeige der Reederei A. Prätz für eine Extrafahrt nach Hiddensee

Sonntag, den 7. Juni 1925,

Rundfahrt auf dem Strelasund

(anläßlich des Sonderzuges von Stettin)

mit Dampfer

„August" und „Anna"

Abfahrt Fährbrücke 4 Uhr nachmittags. Richtung Parower Haken, zurück um den Dänholm zum Hafen. Fahrkarten zu Mk. 1.00 sind zu haben im Bürgergarten, am Schalter des Fährdampfers und an Bord der Schiffe.

Karl Frenck,

Altefähr, Fernsprecher 9.

Anzeige für eine Rundfahrt auf dem Strelasund mit den Dampfern ANNA *und* AUGUST *von Karl Frenck*

Dabei zeigte Prätz wie ideenreich er in diesem Konkurenzkampf war. Auf dem Weg vom Stralsunder Hauptbahnhof zum Hafen mit den Anlegestellen nach Hiddensee, wurden Personen beauftragt die ankommenden Fahrgäste auf die Schiffe seines Unternehmens zu verweisen. Zahlreiche Schauergeschichten und Gerüchte sollten die Gäste von der Benutzung der anderen Schiffe abhalten. Auch wurde versucht Fahrgäste, durch Unterbietung des Fahrpreises nach Kloster, für das Unternehmen Prätz zu gewinnen. Die Hiddenseer ließen sich aber nicht verdrängen und die Genossenschaft wurde auch in Kloster die führende Reederei. Inzwischen waren alle Einwohner von Kloster Mitglieder der Genossenschaft und sorgten dafür, dass ankommende und abreisende Gäste ihre Schiffe nutzten. Auch in Vitte hatte die Genossenschaft das Monopol, die einzige Anlegestelle war Eigentum der Hiddenseer Reederei.

Die Insel Hiddensee war für das Stralsunder Publikum mit Abstand das beliebteste Ausflugsziel. Dagegen hielt sich das Interesse an Tagesfahrten ab Hafen Stralsund, zu anderen Orten auf der Insel Rügen oder zur Halbinsel Zingst, in Grenzen. Neben der Genossenschaftsreederei der Insel Hiddensee und der Reederei Prätz aus Stralsund versuchten sich nun im Hiddensee Geschäft auch die Reederei Fritz Holtz aus Barth und der bereits genannte Karl Frenck.

Dampferausflüge nach Hiddensee

Wustrow-Ahrenshoop usw.
ab Prerow-Hafen oder Zingst

Verlangen Sie kostenlos Fahrpläne von der Badeverwaltung, der Buch- u. Kunsthandlung „Wieland“ oder direkt von der

Reederei
Fritz Holtz-Barth

Fernruf 208 und 209
Dampferschornstein schwarzes H in weißem Felde
Sonderfahrten
auf Bestellung zu den günstigsten Preisen

Nach Hiddensee ab Barth mit der Reederei Fritz, Werbeprospekt aus den 1930er-Jahren

Herr Frenck hatte sich als Partner in die Fährgesellschaft Altefähr eingekauft und schon betagte Dampfer von der „Blauen Linie“ aus der Kieler Förde gechartert. Die Unternehmen Holtz und Frenck setzten nun auch ihre Dampfer für Fahrten von Stralsund nach Kloster ein. Um ihre alten Schiffe ausgelastet zu bekommen, setzten sie den Fahrpreis von 3 auf 2 RM herunter. Die Hiddenseer änderten ihren Fahrpreis von 3 RM nicht! *„Es ist möglich, den Fahrpreis zu ermäßigen, aber unmöglich ist es, herabgesetzte Fahrpreise wieder zu erhöhen“.* Die Genossenschaft suchte nach Lösungen und stellte bei der Gemeindevertretung in Kloster einen Antrag auf Erhöhung der Bollwerksgebühren für Schiffe fremder Reedereien. Die erforderliche Genehmigung dafür, von der Wasserbaudirektion in Stettin wurde nicht erteilt. Dafür mussten aber alle übrigen Reedereien auf den Linien nach Hiddensee ihre Fahrpreise der Genossenschaftsreederei Hiddensee angleichen.

Erste Sonderfahrt
unseres neuen Dampfers
„Swanti“
Kapitän Gau
nach Hiddensoe—Kloster
Sonntag, den 17. Mai.
Abfahrt ab Stralsund 7.30 früh
Abfahrt ab Kloster 6.30 nachm.
Genossenschaftsreederei Hiddensoe.

Anzeige Erste Reise der SWANTI *vom 8. Mai 1925*

Der Dampfer Swanti wurde vom 8. Mai 1925 vom Wasserbauamt Stralsund-West für den öffentlichen Verkehr freigegeben und nahm seine regelmäßigen Fahrten auf der Linie zwischen Stralsund, Vitte und Kloster auf. Sonntags wurden Tagessonderfahrten von Stralsund nach Hiddensee, Saßnitz und zu anderen Häfen Rügens angeboten.

Die SWANTI *hat ihre Insel erreicht um 1930*

Zum Einsatz kam der Dampfer auch für gelegentliche Krankentransporte nach Stralsund oder half bei der Bergung eingefrorener Reusen im Rassower Strom. Im Februar 1927 konnte die SWANTI das während eines Weststurms bei Vitte in Seenot geratene Hamburger Motorschiff NORMANN ins Schlepptau nehmen und brachte es sicher nach Stralsund. Der Bergelohn wurde vom Seeschiedsgericht auf 3.500 RM festgesetzt.

Der Dampfer Swanti im August 1940 im Hiddenseeverkehr, Foto: Archiv der Hansestadt Rostock

Wer am 16. Juli 1932 mit dem Dampfer Swanti eine Reise nach Hiddensee gebucht hatte, dem bot sich ein besonderes Schauspiel. Das damals größte Flugboot der Welt, die Do X, mit einer Länge von 40,10 m, war auf dem Strelasund gelandet und ohne fremde Hilfe in den Stralsunder Hafen eingelaufen. Über 6000 Stralsunder und Besucher bewunderten und besuchten den „Luftriesen".

„Die Do X war ein als Flugboot gebauter abgestrebter Schulterdecker mit einem Leitwerk in Standardanordnung und zwölf Kolbenmotoren, die in sechs Tandem-Gondeln über der Tragfläche aufgeständert waren. Jede Gondel hatte einen Zug- und einen Druckpropeller. Das Cockpit lag in einem Deck über der Passagierkabine. Das Flugzeug war für 159 Passagiere und 10 Besatzungsmitglieder ausgelegt".

Der Dampfer Swanti und die Do X in Stralsund am 16. Juli 1932

Eine Do X

In den 1930er-Jahren war Hiddensee sogar an das Netz der Lufthansa angeschlossen. Die Insel wurde Endstation der Fluglinie Stettin–Swinemünde–Sellin–Stralsund–Kloster. Eingesetzt für diese Verbindung waren Maschinen vom Typ Junkers F 13. Es handelte sich dabei um ein Ganzmetallverkehrs- und Frachtflugzeug der Junkers Flugzeugwerke Dessau. Die F 13 hatte eine Spannweite von 14,82 m, war 9,60 m lang und hatte Platz für vier Passagiere und zwei Besatzungsmitglieder. Als Flugreichweite wurde 1.200 km angegeben.

Eine Junkers F-13 ist im Hafen von Kloster gelandet

Luftverkehr: Rügenlinie (im Juli und August): Berlin — Stettin — Swinemünde — Sellin — Stralsund — Hiddensee (Kloster), einmal tägl., auch Stg., Flugzeit Berlin—Sellin (Rügen) $2\frac{1}{2}$ St., Flugpreis 35 ℳ; Berlin—Hiddensee $6\frac{1}{4}$ St. (einschl. $2\frac{3}{4}$ St. Aufenthalt in Stralsund), 46 ℳ, Rückflug Hiddensee—Berlin in $3\frac{1}{2}$ St. — *Teilstrecken*: Berlin—Stettin, 130 km in 1 St. (15 ℳ); Stettin—Swinemünde 58 km in $\frac{1}{2}$ St. (13 ℳ); Swinemünde—Sellin 64 km in $\frac{1}{2}$ St. (10 ℳ); Sellin—Stralsund 40 km in 25 Min. (10 ℳ); Stralsund—Hiddensee 30 km in $\frac{1}{4}$ St. (10 ℳ).

Informationen zum Luftverkehr der Rügenlinie aus Grieben, Reiseführer Rügen Band 65 /1933

Eine Junkers F 13 (D 355) der Deutschen Lufthansa ist im Hafen von Kloster gelandet, Foto aus dem Archiv der Insel Hiddensee

Der Hafen Kloster mit dem Dampfer SWANTI *(Mitte) im Juli 1951, vom Land aus fotografiert.*

Der Hafen Kloster mit dem Dampfer SWANTI *(links) im Juli 1951, vom Wasser aus fotografiert.*

Die Schiffe der Reederei Hermann Alwert, Stralsund, Inh. Joh. Alwert aus Wiek (Rügen)

Hermann Theodor, Heimat und Nautilus

Neben der Genossenschaftsreederei Hiddensee beteiligte sich nach deren Gründung im Jahr 1928 auch das Schifffahrtsunternehmen Hermann Alwert, Inh. Joh. Alwert aus Wiek (Rügen). Die Reederei beschäftigte drei Motorschiffe zwischen Rügen, Hiddensee und Stralsund

Bis zum Zweiten Weltkrieg hatten diese Schiffe einen großen Anteil am Passagier- und Frachtverkehr. Die Nautilus blieb bis 1990 als Fahrgastschiff im Einsatz.

Der 1889 auf Hiddensee geborene Karl Gau war als „Kapitän auf kleiner Fahrt" neun Jahre beim Unternehmen August Prätz beschäftig. Anschließend führte er nacheinander alle drei Alwertschen Schiffe als Kapitän. Auf der „Nautilus" blieb er auch nach dem Krieg als Kapitän, bis zu seinem Ruhestand, im Oktober 1965.

Die Hermann Theodor wurde 1928 in Groningen gebaut und im gleichen Jahr als erstes Schiff der neuen Reederei Joh. Alwert in Dienst gestellt (im Handbuch für die Deutsche Handelsmarine, von 1935 als Personenschiff mit einer Verdrängung von 69 BRT seine Länge ü. a. betrug 22,20 m und die Breite 5,13 m). Als Antrieb diente ein Dieselmotor mit einer Leistung von 60 PS. Das Schiff hatte eine Schraube und erreichte 7,0 Knoten. Die Besatzung bestand aus 3–5 Mann. Von der deutschen Luftwaffe wurde die Hermann Theodor 1939 als Verkehrsboot für den Fliegerhorst Bug auf Rügen eingesetzt. Im Mai 1945 befand sich das Boot in Wiek und wurde dort sowjetische Beute. Über den Verbleib des Schiffes nach 1946 gibt es keine Angaben.

Das moderne Motorschiff Heimat lief Juni 1929 auf der Stralsunder Schiffswerft von Otto Fröhling vom Stapel. Auftraggeber war die Reederei Joh. Alwert. Das Schiff wurde mit 84 BRT vermessen, Länge betrug 28,02 m und Breite 5,40 m. Der Antrieb bestand aus zwei Dieselmotoren und zwei Schrauben. Die Leistung der Motoren betrug 300 PS, das Schiff erreichte damit 8,5 Knoten. Neben vier Besatzungsmitgliedern konnte die Heimat 365 Passagiere aufnehmen. Nach Ablieferung an den Auftraggeber setzte dieser den Neubau als Passagier- und Frachtschiff ein. Das Unternehmen Alwert handelte und transportierte vor allem Güter, wie Holz, Kohlen, Brikett, Baumaterialien, Getreide, Futter und Düngemittel. Vom Heimathafen Stralsund aus kam die Heimat im Linienverkehr nach Hiddensee und Wiek zum Einsatz. Die Reederei warb damit die *„Schnellste regelmäßige Passagierschiff-Verbindung Stralsund nach Neuendorf-Hiddensee, Wittower-Posthaus, Bug (Flugstützpunkt), Wiek-Rügen (Sächsisches Kinderheim) und zurück“* anzubieten. Neben dem geregelten Liniendienst setzte die Reederei das Motorschiff auch für Rügenrundfahrten oder Rund-um-Hiddensee ein.

Das Motorschiff Heimat im Hafen von Neuendorf 1936, Glasplattenkopie mit sichtbarer Beschriftung auf der Rückseite „Neuendorf a/ Hiddensee“

Die Heimat am 3. August 1931 im Hafen Stralsund

Sehr schöne und interessante Ansichtskarte vom Hafen Stralsund aus den 1930er-Jahren, am Anleger Seestraße der Dampfer SWANTI, ganz hinten der Ippen Schuppen, Vorn an der Steinklappe links der Liegeplatz der HEIMAT und rechts FRITZ REUTER, Sammlung Heinz Zimmermann

Um das Jahr 1935 erhielt die HEIMAT zwei neue 6 Zylinder-Viertakt-Dieselmotore der Deutschen Werke. Jede Maschine hatte eine Leistung von jeweils 150 PS.

Jeden Tag Ausflugsfahrt nach

Hiddensee (Neuendorf)

8.15 Uhr	ab	Stralsund	an	20.30 Uhr
10.00 Uhr	an	Hiddensee (Neuendorf)	ab	18.40 Uhr
11.20 Uhr	an	Bug (Flugstützpunkt)	ab	17.20 Uhr
11.45 Uhr	an	Wiek (Sächs. Kinderheim)	ab	17.00 Uhr

Tageskarten nach Hiddensee (Neuendorf) 2.— RM.
(1 Dtzd. Karten in Meincke's Buchhandlung)

Jeder einmal 8 1/2 Stunden Feriengast an Neuendorfs schönem Ostseestrand

Nachmittagsfahrt

Täglich nachmittags 4 Stunden Wasserfahrt nach Neuendorf-Hiddensee — Landaufenthalt 1 1/4 Stunden
Abfahrt Stralsund 15.30 — Ankunft Stralsund 20.30 Uhr

Reederei Hermann Alwert, Wiek auf Rügen

Fernruf: Altenkirchen 385, Stralsund 2528
Aenderungen vorbehalten

Glückliche Sommertage in Neuendorf-Hiddensee

Anzeige Reederei Hermann Alwert

Am 6. Oktober 1944 befand sich die HEIMAT zur Frachtübernahme im Hafen Stralsund, als die Stadt von einem britischen Bomberverband angegriffen und stark zerstört wurde. Das Motorschiff erhielt bei diesem Angriff zwei Bombentreffer, welche die Bordwand zerschlugen und das Vorschiff zerstörten. Im Mai wurde das Wrack zum Gelände der Kröger Werft geschleppt, dort aber in Brand gesteckt. Einem Brief des Besitzers Alwert an das Wasserstraßenamt Stralsund vom 20. Juli 1946 ist zu entnehmen, dass sich Reste der HEIMAT zu dieser Zeit noch in Stralsund, auf dem Gelände der Werft befanden, die inzwischen aber in Ingenieur Baugesellschaft m.b.H. Werft Stralsund umbenannt war. Im September 1954 wurden die Reste des Schiffes abgewrackt und verschrottet.

Die HEIMAT als Wrack im Hafen Stralsund, Foto: Stadtarchiv Stralsund

Ende 1934 wurde von der Reederei Joh. Alwert bei der Schiffswerft und Maschinenfabrik „Neptun" in Rostock die NAUTILUS in Auftrag gegeben. Im April 1935 war Stapellauf und die Reederei konnte das Personen- und Frachtschiff noch in dieser Saison in Dienst stellen. Das Motorschiff wurde mit 67 BRT vermessen, hatte nach der Fertigstellung eine Länge von 20,5 m und Breite von 5,0 m. Mit einem 100 PS Dieselmotor und einer Schraube erreichte die NAUTILUS 8,0 Knoten. An Bord fanden 143 Passagiere und vier Besatzungsmitglieder Platz. Heimathafen war Wiek auf Rügen und der Einsatz erfolgte überwiegend im Dienst zwischen Wiek, Hiddensee, Schaprode und Stralsund.

Sommer-Fahrplan 1938

Der Reederei Herm. **Alwert,** Inh. Johannes Alwert **Wiek** a./Rügen

Der Schiffe „Heimat“ u. „Nautilus“

schnellste u. regelmäß. Verbindung von **Stralsund** nach **Neuendorf / Hiddensee — Bug** (Flugstützpunkt) **Wiek** (Sächsisch. Kinderheim) **und zurück.**

Dampferverbindung vom 1. 6. 38. — 15. 9. 38.

8.15, 15.30 Uhr	ab	Stralsund	an 10.15, 20.30 Uhr
10.00, 17.15 Uhr	an	Neuendorf/Hiddensee	ab 8.30, 18.40 Uhr
11.20, 18.35 Uhr	an	Bug (Flugstützpunkt)	ab 7.15, 17.20 Uhr
11.45, 19.00 Uhr	an	Wiek (Sächs. Kinderheim)	ab 6.45, 17.00 Uhr
		vom 1. 9. um	16.00 Uhr

Außer der Zeit vom 1. 6. — 15. 9. 38 besteht ebenfalls Verbindung nach festem Fahrplan. Bei Bedarf bitte ich um Anfrage.

Wandervögelgruppen, Schulen, Vereine und größere Gesellschaften haben Preisermäßigung. Billige Wochenendkarten, gültig von Sonnabend nachm. bis Montag vormittag, sind an Bord zu haben. Durchgangsfahrten der Deutschen Reichsbahn nach Neuendorf, Bug, Wiek haben Gültigkeit. Änderungen vorbehalten. Auskunft erteilt in Stralsund: Spediteur **Max Hintze**, Stralsund, Seestraße 2, Fernruf Stralsund 2561 und 2535.

Reederei Hermann Alwert, Inh. Joh. Alwert, Wiek-Rügen

Telefon in Wiek: Altenkirchen 385. — Telefon in Stralsund: Stralsund 2528 zu erreichen während der Liegezeit in Stralsund an Bord der beiden Schiffe. [130

Fahrplan HEIMAT *aus Grieben, 1938*

Auf einer Fahrt von Stralsund nach Wiek rammte die NAUTILUS, unter Kommando von Schiffsführer Marlow aus Barth, am 14. April 1936, in der Geller-Haken-Fahrrinne den Hochseekutter STRALSUND 26. Der Kutter war von Stralsund zum Wittower Posthaus unterwegs.

Der Schiffsführer der NAUTILUS gab, da er vom Kutter bemerkt worden war, kein besonderes Signal, während der Hochseekutter seine Fahrt nicht verminderte. Beim Überholen kam das Motorschiff in der nur 20 m breiten Fahrrinne so dicht an den Kutter, der nicht weiter nach rechts ausweichen konnte, vorbei, dass er mit seinem Bug in dem Augenblick, als die NAUTILUS ihn passiert hatte, an das Heck des Motorschiffes gesogen wurde.

Die Nautilus *Anfang der 1950er-Jahre*

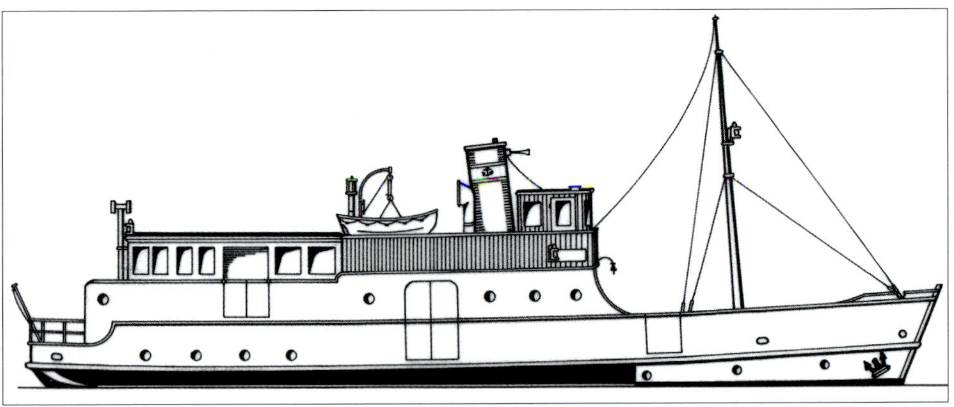

Zeichnung der Nautilus *vor dem Umbau, Zeichnung: Ralf Gierke*

Das Seeamt verkündete folgenden Spruch: „Die Ursache des Zusammenstoßes liegt in der schlechten Steuerfähigkeit. Die Schiffsleitung trifft keinen Vorwurf". Die Reparaturkosten, die durch den Zusammenstoß entstanden, betrugen für den Stralsunder Fischer Hans Grubert 60 RM.
Auch in den Jahren während des Zweiten Weltkrieges kam sie weiter zum Einsatz. Unter Aufsicht der sowjetischen Behörde wurde der Reederei Joh. Alwert im April 1946 die Genehmigung für den Einsatz des Schiffes im Personenverkehr zwischen Rügen, Hiddensee und Stralsund erteilt. In dieser Zeit war die Nautilus unter der Nummer 3-181 regis-

triert. Auf der Schiffbau- und Reparaturwerft Stralsund wurde das Schiff im Frühjahr 1955 und 1959 überholt. Am 1. Januar 1960 übernahm die „Weiße Flotte“ Stralsund das Schiff und beschäftigte es unverändert auf den alten Routen.

Die Nautilus Anfang der 1960er-Jahre neben einem Eisbrecher an der Steinklappe im Hafen Stralsund, vorn das offene Fahrgastmotorboot Krebs der „Weißen Flotte“

Da das Motorschiff den Anforderungen eines modernen Verkehrsmittels nicht mehr entsprach, wurde sie auf der Volkswerft Stralsund 1967/68 umgebaut. Stolze 32,88 m betrug jetzt die Länge ü.a., Maschinenleistung 225 PS und die Geschwindigkeit 9,0 Knoten.

Zu Saisonbeginn 1968 konnte die Nautilus mit einer Platzkapazität von 220 Personen erneut eingesetzt werden. Das Schiff wurde danach mehrmals modernisiert.

Seit Mitte der Siebzigerjahre bis 1990 fuhr sie im Rostocker Revier. Im Winter 1985/86 war das Schiff zwischen den Stationen Wittower Fähre und Hafen Vitte unterwegs. Diese Verbindung wurde bei starkem Eis mittels Eisbrecher freigehalten und diente zur Versorgung der Bewohner und Urlauber Hiddensees.

Die Nautilus nach Beendigung der Eisverbindung bei der Wittower Fähre am 24. März 1986, Foto: Claus Rothe

Die Nautilus auf der Warnow 1988

Ende 1990 wurde die Nautilus an den Pfahl gelegt und im Januar 1992 nach Travemünde verkauft. Der neue Eigentümer, Harry Lüdtke, setzte das Schiff, ohne Änderung des Namens am ehemaligen Fischereihafen in Travemünde als Harrys Fischbratküche ein. Seit dem Sommer 2006 hatten die Besucher die Möglichkeit, sich im Fischrestaurant „Nautilus“

kulinarisch verwöhnen zu lassen. Ab Dezember 2018 lag die ehemalige NAUTILUS beschäftigungslos in Lübeck. Im januar 2021 lief das Schiff wegen eines Wassereinbruchs auf Grund.

Die NAUTILUS am Pfahl in Lübeck im April 2019, Foto: Ralf Gierke

Die Dampfer August und Anna der Reederei A. C. Hansen

Der Dampfer Anna an der Küste Rügens, Sammlung Bernd Goltings

Im Einsatz nach Hiddensee und in den Gewässern der Halbinsel Wittow nahmen diese zwei Dampfer eine Gastrolle ein. Sie gehörten der Blauen Dampferlinie der Reederei A. C. Hansen, Neumühlen (Kiel) an.

Der Dampfer August war mit 69,00 BRT das größere Schiff, gebaut 1898 auf der Werft von Georg Howaldt in Ellerbek (Kiel), Baunummer 330. Der Dampfer hatte eine Länge von 20,84 m zwischen den Loten, war 5,49 m breit, wurde von einer 90 PS Dampfmaschine angetrieben und konnte 246 Passagiere befördern. Der kleinere Dampfer Anna war mit 38,0 BRT vermessen und wurde 1906 mit der Baunummer 448 auf der gleichen Werft wie August fertiggestellt. Das Schiff war 16,95 m lang und 4,65 m breit. Als Antrieb diente eine 60 PS Dampfmaschine, Geschwindigkeit war mit 8,5 Knoten angegeben und 186 Passagiere konnten an Bord genommen werden. Beide Dampfer verkehrten unter anderem zwischen der Schwentinemündung und Seegarten in Kiel. Der Dienst der Blauen Dampfer wurde von 1922 bis 1930 mit den Dampfern August, und Anna auf das Fahrgebiet um Rügen, nach Hiddensee und dem Darß ausgedehnt.

Abgangshäfen waren Stralsund und Altefähr. August C. Hansen schreibt in der Firmenchronik „Die Blaue Dampferlinie der Reederei A. C. Hansen“, dass Gerhard Hauptmann als Stammgast einen festen Sitzplatz auf den genannten Schiffen hatte.

Anzeige der Anna auf der Route nach Barhöft am 17. Mai 1925

Fischerdorf Vitt auf Wittow, 1928

Der Dampfer August *im Wieker Bodden Mitte der 1920er-Jahre*

Sonderfahrt
nach Hiddensoe
morgen, Sonntag, den 19. August
Dampfer „August"
Abfahrt v. d. **Fährbrücke** 8.15 morgens,
Rückfahrt von **Hiddensoe-Kloster**
5 Uhr nachmittags.
Sonderfahrt
nach Zingst
Montag, den 20. August, Abfahrt
von Stralsund 8.30 Uhr v. d. Fährbrücke.
Rückfahrt abends mit der Bahn von
Zingst—Prerow oder am **Mittwoch, den**
22. August, nachmittags 4 Uhr, mit
Dampf. „August" v. Zingst nach Stralsund.
Dienstag, den 21. August:
Sonderfahrt
mit Dampfer „August"
v. Zingst nach Hiddensoe
Abfahrt von Zingst-Bollwerk 8 Uhr
vorm., Rückfahrt von Hiddensoe-Kloster
5 Uhr nachmittags nach Zingst.
Die Sonderfahrten **finden nur bei**
günstiger Witterung statt.
Fährgesellschaft Altefähr

Anzeige Dampfer August *nach Hiddensee*

Anzeige August *nach Hiddensee 19. August 1923*

Der Dampfer HIDDENSEE (I), ex JOHANN SCHWEFFEL

Der Stralsunder Reeder August Prätz kaufte 1911 von der Neuen Dampfer-Compagnie aus Kiel den 1896 gebauten Passagierdampfer JOHANN SCHWEFFEL. Bauort waren die Kieler Howaldtswerke. Vermessen war er mit 83,20 BRT, Länge 25,80 m und Breite 5,78 m. Als Antrieb diente eine Dreifach-Expansions-Dampfmaschine, mit Leistung von 180 PS. Die Dienstgeschwindigkeit wurde mit 8,5 Knoten angegeben. 140 Passagiere und fünf Besatzungsmitglieder konnten sich sicher an Bord aufhalten.
August Prätz nannte den Dampfer in HIDDENSEE um, ließ ihn im gleichen Jahr auf der Rostocker „Neptun-Werft" zum Fracht- und Passagierschiff umbauen. Der neue Eigner annoncierte noch 1911 für Fahrten mit dem Salondampfer HIDDENSEE zwischen Stralsund, Neuendorf, Schaprode und Kloster. Vom 01. Juli bis 01. September 1912 wurden von der Reederei erneut Fahrten auf der genannten Route angeboten. Nach vorheriger Anmeldung beim Schiffsführer wurde in Schaprode, Neuendorf und an der Fährinsel (Heiderose) auf eigene Gefahr an- und abgebootet. Neben Passagieren beförderte der Dampfer zwischen Stralsund, Rügen und Hiddensee auch verschiedene Frachtgüter. Dieser Transport war nicht nur ein gutes, zusätzliches Geschäft für den Schiffseigner, auch für die Bewohner Hiddensees war er von großer Bedeutung. Danach verliert sich die Spur, 1929 war der Dampfer nicht mehr im Register des Germanischen Lloyd verzeichnet.

Der Dampfer HIDDENSEE (I) ex JOHANN SCHWEFFEL hat Kloster erreicht. Ansichtskarte

Die HIDDENSEE (I), Sammlung Henry Albrecht

Bademode Mitte der 20er-Jahre

Die Dampfer Hiddensee (II) ex Jasenitz von 1894 und Hansa der Reederei August Prätz, Stralsund

Das zweite Schiff, was der Reeder August Prätz 1928 unter dem Namen Hiddensee, mit Heimathafen Stralsund in Dienst stellte, war nur zwei Jahre älter als die Hiddensee (I). Im Jahr 1894 lief der Dampfer bei der Stettiner Maschinenbau AG „Vulcan“ in Grabow, bei Stettin vom Stapel. Der Dampfer war mit 72,3 BRT vermessen, war 26,81 m lang und 4,57 m breit. Ausgestattet mit einer Compound-Dampfmaschine mit 125 PS Leistung, erreichte die Jasenitz 6,5 Knoten. Neben sechs Besatzungsmitgliedern war für 170 Passagiere Platz an Bord.

Die Hansa als Bergungsschlepper beim Stralsunder Unternehmen Berthold Staude

Hiddensee (II) ex Jasenitz und Caprivi, Sammlung Henry Albrecht

Auftraggeber war die Jasenitzer Dampfschiffs A.G. Jasenitz, die im gleichen Jahr gegründet wurde. Unter dem Namen JASENITZ beschäftige das junge Schifffahrtsunternehmen den Neubau bis 1914 auf dem Oderhaff und im Liniendienst Stettin – Stepenitz – Jasenitz. Als Kriegslotsendampfer OSTTIEF wurde das Schiff von 1915 bis 1918 bei der Kaiserlichen Marine eingesetzt. Am 8. März 1919 berichtete die Stralsundische Zeitung aus Wiek auf Rügen vom 5. März 1919:, *„Der Dampfer „Jasenitz“ lief sich bei 1,70 m Tiefgang im Gewässer der hiesigen Marinestation fest. Die im vorigen Jahre dort gebaggerte Tiefe soll überall 3,50 m betragen. Die Baggerungskosten sollen sich insgesamt auf zirka eine Million Mark belaufen haben.“*
Das Unternehmen Prätz beschäftigte die HIDDENSEE (II) vorrangig im Liniendienst Stralsund – Kloster. Im Handbuch für die Deutsche Handelsmarine von 1930 wurde als neuer Eigner des Dampfers das Stralsunder Spediteur und Reeder „Alfred Staude“ angegeben.

Die HIDDENSEE (II) ex JASENITZ im Hafen von Kloster

Doch bereits ein Jahr später kaufte die Reederei „Fritz Holtz“ aus Barth das Schiff und beschäftigte es bis 1938 weiter unter dem Namen HIDDENSEE. Seine Bemühungen in die Hiddensee-Fahrt einzusteigen, blieben erfolglos. Der Dampfer wurde noch in den Boddengewässern zwischen Barth – Zingst – Prerow und nach Born eingesetzt. Im Jahr 1939 war das Schiff in der Signalliste noch verzeichnet, über den weiteren Verbleib wurden keine Angaben gemacht.

Der Dampfer HANSA *am 10. Mai 1935*

Für das Unternehmen „Scheel“ aus Ellerbek lief 1888 auf der Werft der Gebrüder Howaldt in Kiel-Dietrichsdorf der Dampfer HERRMANN (Baunummer 166) vom Stapel. Das Schiff war mit 82 BRT vermessen, 25,47 m lang und 5,57 m breit. Für den Antrieb diente eine Compound-Dampfmaschine mit einer Leistung von 210 PS, womit das Schiff eine Dienstgeschwindigkeit von 9,0 Knoten erreichte. Die Besatzung bestand aus fünf Mann.

Nach Stralsund gelangte der 1920 umgebaute und überholte Dampfer erst 1922. Vorher verkehrte er unter dänischer Flagge für J. Saabye & Fr. Johannsen aus Kopenhagen. Umbenannt in HANSA beschäftigte August Prätz das Schiff bis zum Eignerwechsel im Jahr 1930. Neben Ausflugsfahrten setzte das Stralsunder Unternehmen Prätz den Dampfer auch für Bergungseinsätze ein. Nur für kurze Zeit war Dr. Johann Zwar aus Marlow Eigner. Ohne Änderung des Namens übernahm die Stralsunder Reederei „Berthold Staude“ 1931 das Schiff bis zur Übernahme der HANSA durch die Deutsche Kriegsmarine 1940. Geplant war die Verwendung beim Unternehmen „Seelöwe“. Ab Oktober 1940 wurde der Dampfer Verkehrs-fahrzeug der Seetransportstelle Sassnitz und im Sommer 1943 Feuerlöschfahrzeug der KMD Stettin. Die HANSA befand sich 1945 in Kiel und wurde dort britische Kriegsbeute und als Schleppfahrzeug von der Royal Navy eingesetzt. Über den weiteren Verbleib konnten keine Angaben gefunden werden.

Die HANSA, die SCHILL, die LIEBE sowie der EISBRECHER SWINEMÜNDE im zugefrorenen Hafen von Stralsund (Winterlage)

Die HANSA (in der Mitte) im Hafen Kloster um 1930 zusammen mit der LIEBE und der LORELEY

Von Lietzow nach Hiddensee und Stralsund mit den Schiffen Göhren, Irene Laak und Loreley

Die im Jahr 1910 gegründete Reederei von Gustav Siewert aus Juliusruh (Rügen) beschäftigte bis zum Beginn des ersten Weltkrieges zwei Motorboote auf der Linie von Lietzow über Breege nach Hiddensee. Bedauerlicherweise konnten keine weiteren Unterlagen, Namen der Boote oder Fotos über das Unternehmen gefunden werden. Möglicherweise wurden auch diese von der Kaiserlichen Marine übernommen.

Über den 1885 als Neuenfelde im gleichnamigen Ort bei Hamburg erbauten Dampfer gibt es nur wenige Angaben. Umbenannt in Göhren gehörte er ab 1921 zur Flotte der Saßnitzer Dampfschiffs-Gesellschaft m.b.H. Vermessen war die Göhren mit 60 BRT, sie war 23,81 m lang, 4,90 m breit und hatte einen Tiefgang von 2,00 m. Als Antrieb dienten zwei Compound-Dampfmaschinen mit einer Leistung von 130 PS, ca. 110 Passagiere fanden Platz. Auf verschiedenen Ansichtskarten ist der kleine Dampfer vor der Kreideküste Rügens, besonders am ehemaligen Anleger vor dem Königsstuhl, abgelichtet. Selten ist der Fotoabzug von einem Glasnegativ mit dem Dampfer Göhren, am neu erbauten Anleger von Lietzow.

Der Dampfer Göhren am Anleger in Lietzow

Im Auftrag der Mönchguter Motorschiffslinie Gebrüder Wittmiß, Sitz in Gager auf Rügen, wurde auf der Schiffswerft von Georg Schuldt in Stralsund 1925 das kleine eiserne Motorschiff THIESSOW gebaut. Es hatte 25,3 BRT, war 18,1 m lang und 3,6 m breit. Mit dem 120 PS Dieselmotor und einer Schraube wurden 7,0 Knoten erreicht. Platz war für 124 Passagiere und zwei Besatzungsmitglieder.

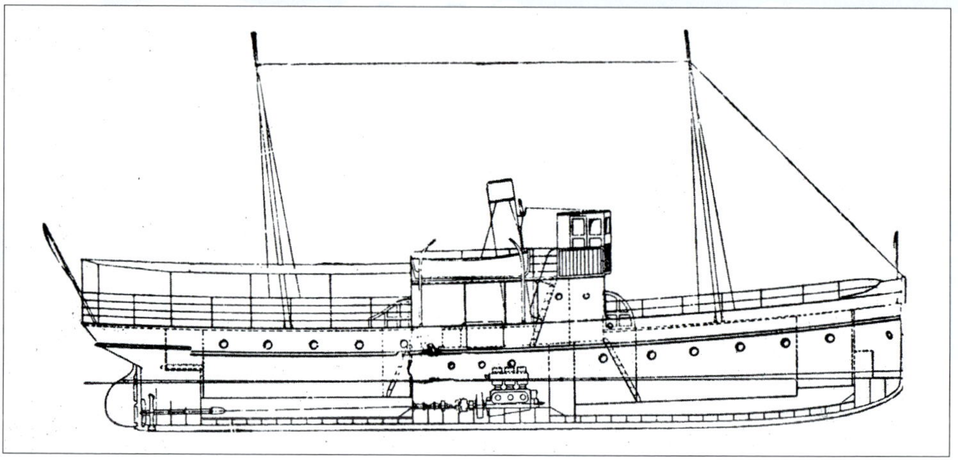

Zeichnung des Motorschiffs THIESSOW

Als THIESSOW kam das Motorschiff im regelmäßigen Dienst an der Küste Rügens zum Einsatz. Reiseziele waren u.a. Thiessow, Göhren, Baabe, Sellin, Binz, Saßnitz und Stubbenkammer. Angeboten wurden aber auch Fahrten zum Kap Arkona, nach Hiddensee, Stralsund, Greifswald zu den Inseln Oie und Vilm oder Abendfahrten. Nach dem Konkurs der Mönchguter Motorschiffslinie Gebrüder Wittmiß zu Beginn der 1930er-Jahre, zeichnete 1933 Albert E. Wedekind aus Hamburg als Eigner. Doch bereits 1934 kaufte Kapitän Karl Laack aus Polchow auf Rügen das Schiff und brachte es als IRENE LAACK, benannt nach der Tochter des neuen Eigners, mit Heimathafen Sellin in Fahrt. Kapitän Laack beschäftigte das Motorschiff, auf der von ihm wieder aufgenommenen Linie von Lietzow über Breege nach Vitte. Im „Handbuch für die Deutsche Handelsmarine auf das Jahr 1937“ wird als Verwendungszweck der IRENE LAACK Frachtschiff und Heimathafen Stralsund angegeben. Nach Beginn des zweiten Weltkrieges beanspruchte die Deutsche Kriegsmarine das Schiff. Das Registerblatt der IRENE LAACK wurde am 15. Juli 1941 geschlossen. 1948 erfolgte in Hamburg der Abbruch des Motorschiffes.

Die Irene Laack *im Großen Jasmunder Bodden*

Saßnitzer Bürger gaben 1904 der Werft Hitzler in Lauenburg den Auftrag zum Bau der, mit 37 BRT vermessenen, Loreley. Die Länge des Schiffes betrug 20,80 m und es war 3,80 m breit. Der Antrieb bestand aus einer Compound-Dampfmaschine, mit Leistung von 60 PS. Die Loreley erreichte 8,0 Knoten und verfügte über 74 vermessene Plätze. Erster Kapitän war Joachim Brüdgam aus Saßnitz. Am 9. Februar 1912 wurde die Loreley von der „Saßnitzer Dampfer-Gesellschaft“ angekauft.

Die Loreley *1931 im Hafen Wiek auf Rügen*

Seit 1935 zeichnete Kapitän Karl Laack aus Polchow als Eigner des kleinen Dampfers. Das Einsatzgebiet war ähnlich der 1934 von ihm gekauften IRENE LAACK. Die deutsche Kriegsmarine erfasste am 3. August 1940 die LORELEY für das Unternehmen „Seelöwe“. Über den Verbleib gibt es keine zuverlässigen Angaben.

Im Mai 1964 weihte das Seebrückenfahrgastschiff SEESCHWALBE der „Weißen Flotte“ Stralsund, unter Kapitän Eduard Teschke die Linie Lietzow – Kloster ein. Wie schon die Saßnitzer Dampfschiffs-Gesellschaft m.b.H. in den 1920er-Jahren mit ihrem Dampfer GÖHREN und später das Unternehmen von Kapitän Karl Laack aus Polchow mit IRENE LAACK und LORELEY, hoffte auch die „Weiße Flotte“ auf eine gute Auslastung des Schiffes. Nebenbei bemerkt, war es einfach eine wunderschöne Reise durch die romantische Boddenlandschaft bis Breege und weiter nach Hiddensee. Diese Schiffsverbindung ab Lietzow wurde leider eingestellt.

Die LORELEY mit Kurs auf die Insel Hiddensee am 27. Juli 1928

Die Loreley im Hafen Stralsund, davor die Heimat an der Steinklappe, AK Kunstverlag Carl Friedrich Fangmeiner

Die MS Seeschwalbe der „Weißen Flotte“ Stralsund Anleger in Lietzow

Der Dampfer LIEBE, ein ehemaliger Eisbrecher aus Danzig

Der Dampfer LIEBE, offensichtlich auf einer Pfingstfahrt, auslaufend von Stralsund nach Hiddense 1932, Gut zu erkennen der „Entenschwanz" des Yarrow-Tunnelhecks, Foto: Hugo Pers

Auf der Werft J. W. Klawitter in Danzig wurde 1910 der Dampfer LIEBE als Eisbrecher, Baunummer 349 für die Königliche Weichsel-Strombauverwaltung gebaut. Ein besonderes Merkmal des Schiffes war das Yarrow-Tunnelheck, welches bei geringem Tiefgang einen deutlich vergrößerten Propellerdurchmesser zuließ. Der Dampfer war mit 204 BRT vermessen, war nach der Fertigstellung 36,24 m lang und 8,98 m breit. Angetrieben wurde das Schiff mit zwei Dreifach-Expansions-Dampfmaschinen (440 PS, 2 Schrauben, 9,5 Knoten). Die Besatzung bestand aus sieben Personen.

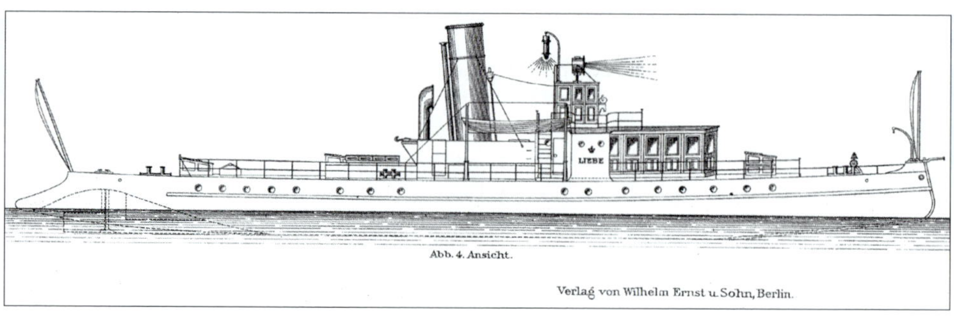

Zeichnung des Eisbrechers LIEBE

Passagiere auf der Liebe *in den 1930er-Jahren Foto: Wulff*

1930 kaufte August Prätz den Dampfer und ließ ihn zum Passagierschiff umbauen. Danach veränderte sich die Länge auf 49,80 m und das Schiff konnte 620 Passagiere befördern. Der Stralsunder Reeder beschäftigte das große Schiff für Ausflugsfahrten ab Stralsund, für Fahrten zum Sächsischen Kinderheim in Wiek auf Rügen und im Hiddensee-Dienst. Anfangs gelang es Prätz, mit dem großen und geräumigen Schiff den Ausflugsverkehr mehr und mehr für sich zu gewinnen. Da er entgegen dem, im Tarifverband getroffenen Abmachungen den Fahrpreis herabsetzte, war sein Dampfer Liebe immer gut ausgelastet. Der Erfolg war jedoch nur von kurzer Dauer, denn über längere Zeit war das Unternehmen von August Prätz dem harten Geschäft in der Hiddensee-Fahrt nicht gewachsen. Die Hiddenseer blieben Sieger. Das Unternehmen Prätz geriet 1931 in Liquidation. Der Stralsunder Spediteur Berthold Staude, welcher Hauptgläubiger von Prätz war, übernahm die große Liebe und den kleinen Dampfer Hansa. Da Staude bedeutend kapitalkräftiger war, als der vorherige Eigner, blieb die Konkurrenz für die Hiddenseer Genossenschaft vorläufig weiter bestehen. Im Jahr 1931 betrug für eine Fahrt von Stralsund nach Kloster der Fahrpreis 3 RM. Mit der Liebe dagegen konnte man für nur fünfzig Pfennige nach Hiddensee fahren. Zum Glück für die Hiddenseer gelang es ihnen, den Dampfer nach Beendigung der Saison 1931 für 41.000 RM zu kaufen. Heimathafen war nun Vitte.

Damit erwarb die Reederei einen „Kohlenfresser“, der auch sonst große Unkosten verschlang. Sie setzte damit aber auch einen Schlussstrich, unter die Konkurrenzkämpfe der vorangegangenen Jahre. Wegen des enormen Kohleverbrauchs setzte die Reederei ihren neuen Dampfer jedoch nicht im regulären Dienst, sondern überwiegend für Sonntagsfahrten ab Stralsund und auch als Zubringer für das Kinderheim nach Wiek ein.

Die Liebe voll ausgelastet von Stralsund zum Sächsischen Kinderheim nach Wiek

Abschied von Wiek auf dem Dampfer Liebe

Obwohl der Dampfer immer gut ausgelastet war, bemühte sich die Reederei ihn möglichst mit Gewinn und weit weg von Hiddensee, wieder zu verkaufen. Hinsichtlich seiner Größe war er für das Hiddensee-Fahrwasser doch nicht so gut geeignet. Der Dampfer wurde 1935 für 21.000 Reichsmark, und damit zu einem Preis, der weit unter dem Wert des Schiffes lag, nach Magdeburg verkauft. Im gleichen Jahr zeichnete die Magdeburger Reederei Warnecke als Eigner des in PIONIER umbenannten Dampfers. Er blieb auf der Elbe, bis zum Verkauf an die Inselgemeinde Langeoog im Jahr 1938, im Einsatz. Weiter unter dem Namen PIONIER beschäftigt, wurde die ehemalige LIEBE noch immer mit den Dampfmaschinen der Firma Klawitter aus Danzig angetrieben. Zugelassen war der Dampfer aber nur noch für 332 Passagiere. Etwa 1940 erfolgte ein Umbau zur Frachtfähre die ab 1950 als antriebsloses Schiff geführt wurde. Im Jahr 1952 erfolgten der Verkauf zum Abbruch und die nachfolgende Verschrottung auf Langeoog.

Seltenes Foto: die LIEBE als Frachtfähre PIONIER im Nordseeraum

Werbung für Hiddensee, die Ostseeinsel ohne Auto, aus dem Jahr 1939

Alle Reedereien, die am Verkehr nach den Ostseebädern beteiligt waren, hatten sich zu einem Ostseebäder-Tarifverband zusammengeschlossen. Auch die Hiddenseer Genossenschaftsreederei gehörte dazu.

Die Insel Hiddensee hatte sich inzwischen ihre Badegäste erobern können, aus ehemals kaum bekannten Fischerdörfern wurden Urlauberzentren mit einer enormen Anziehungskraft: Auch in der Vor- und Nachsaison ließ der Urlauberstrom nicht nach. Das Hiddenseer Schifffahrtsunternehmen brachte bald weitere, neue Fahrgastschiffe in Fahrt. Die alte Caprivi wurde, wie schon berichtet, 1935 außer Dienst gestellt, aber im gleichen Jahr dafür die, in Rostock erbaute Insel Hiddensee, ein Motorschiff, in Fahrt gebracht. Gleichfalls für die Genossenschaftsreederei lief im Jahr 1937 das Motorschiff Dornbusch (I) in Brandenburg an der Havel vom Stapel.

Das Motorschiff Insel Hiddensee 1935 – der zweite Neubau der Hiddenseer Genossenschaftsreederei

Die Insel Hiddensee mit Kurs auf Stralsund, Foto: Claus Rothe

Die Genossenschaftsreederei Hiddensee übergab im Jahr 1935 der Schiffswerft und Maschinenfabrik „Neptun", Rostock den Auftrag für den zweiten Schiffsneubau der Reederei. Am 02. Mai 1935 lief in Rostock die Insel Hiddensee vom Stapel. Es dauerte nicht lange, dann wurde nur noch von der „Insel" gesprochen. Vermessen war sie mit 193 BRT, Länge betrug 33,7 m über alles und Breite war 6,5 m. Für den Antrieb dienten zwei 6 Zylinder-Viertakt-Dieselmotoren, mit einer Leistung von 330 PS. Das Schiff verfügte über zwei Schrauben und erreichte 10,5 Knoten. An Bord hatten 390 Passagiere und fünf Besatzungsmitglieder Platz.

Die Insel Hiddensee musste nach einer Probezeit zurück in die Werft, da sich herausgestellt hatte, dass die Steuereigenschaften unzureichend waren. Aus diesem Grund wurde das neue Schiff erst zum Saisonende 1935 in Dienst gestellt. Ab 1936 beschäftigte die Reederei den Neubau hauptsächlich im Liniendienst Stralsund – Hiddensee und vertragsmäßig auch für Ausflugsfahrten des Sächsischen Kinderheims in Wiek. Gelegentlich charterte die Saßnitzer Dampfschiffs-Gesellschaft m.b.H. die „Insel". Ab September 1939 reduzierte man vorerst den Einsatz, später machte das Motorschiff aber zahlreiche Fahrten für das in Stralsund stationierte Militär. Nach dem Zweiten Weltkrieg brachte das Schiff viele Flüchtlinge der letzten Kriegstage von der Insel und stand später, den auf Hiddensee stationierten sowjetischen Einheiten zur Verfügung. Nach der Registrierung des Schiffes unter der Nummer 3-182 und der Freigabe für den Verkehr, konnte die Reederei am 6. April 1946 den regelmäßigen Dienst ab Kloster und Vitte nach Stralsund wieder aufnehmen. Nach Wiederaufnahme des Liniendienstes wurde im gleichen Jahr auch der Sonntagsverkehr erneut eingeführt. Am 27. Juli 1946 wurde mit dem Motorschiff Insel Hiddensee der Sarg mit dem deutschen Schriftsteller und Dramatiker Gerhart Hauptmann nach Kloster überführt, wo er seine letzte Ruhestätte fand.

Die Insel Hiddensee, am Schornstein die Nummer 3-182, 1950, Foto: Marianne Krutzker

Die letzte Ruhestätte des deutschen Schriftstellers und Dramatikers Gerhart Hauptmann auf dem Inselfriedhof in Kloster 2018, Foto: Susanne Rothe

Ab dem Jahr 1951 war das Schiff gelegentlich für Sonderfahrten der DSU (Deutsche Schiffahrts- und Umschlagsbetriebszentrale) und zu Transportfahrten für das Kinderheim in Wiek unterwegs. 1952 vercharterte die Reederei das Schiff auch für verschiedene Fahrten im Bäderverkehr der DSU ab Rügen und Usedom in den Greifswalder Bodden. Mit 430 Fahrgästen und einer Musikkapelle an Bord fand am 1. Juni 1952 die erste Fahrt im Bäderverkehr statt.

Vom Herbst 1954 bis Ende Mai 1955 erfolgte in der Volkswerft Stralsund die Generalüberholung der „Insel". Die Motoren wurden im Dieselmotorenwerk Rostock erneuert. Zusammen mit dem Dampfer Swanti wurde am 1. Januar 1960 auch das Motorschiff Insel Hiddensee vom VEB Fahrgastschifffahrt „Weiße Flotte"; Sitz Stralsund übernommen. Bis auf einige Sonderfahrten verblieb die „Insel" weiterhin im Hiddensee-Verkehr.

Die Insel Hiddensee mit der Flagge der Genossenschaftsreederei Hiddensee um 1955

Umbau in der Volkswerft Stralsund, Foto: Harry Hardenberg

Die Insel Hiddensee *im Trockendock, Foto: Harry Hardenberg*

In der Volkswerft Stralsund erhielt das Schiff 1965/66 neue Motoren (2x225 PS), außerdem wurden die Aufbauten und Innenausrüstung erneuert. Nach dem Umbau verfügte die „Insel" über 300 geschützte Plätze, die sich besonders in der kälteren Jahreszeit bewährten. Dieser Vorteil machte sich später, zum Beispiel im Januar 1971, beim Einsatz des Schiffes auf der Behelfsverbindung von der Wittower Fähre nach Vitte, positiv bemerkbar.

Bis 1990 blieb die Insel Hiddensee im Liniendienst Stralsund–Hiddensee. Von April 1991 bis 1995 lag das Schiff im Hafen Stralsund auf und es wurde ein Käufer gesucht. Am 25. Februar 1995 war es dann soweit, die Wismar Andersson Filmproduktion OHG aus Hamburg kaufte die „Insel" und stellte mit viel Mühe und Arbeit den alten Zustand wieder her. Umbenannt in Hiddensee, den alten Namen dufte sie nicht behalten, lag sie noch im Juni 2019 im Reiherstieg in Hamburg.

Das Motorschiff Insel Hiddensee kurz Insel genannt in den 1950er-Jahren

Als Hiddensee 1998 in Hamburg, Foto: Kay Andersson

INSEL HIDDENSEE *und Schlepper* BELT *BBB um 1985 in Vitte, Foto: Hans-Joachim Hinsche*

Die HIDDENSEE *im November 2013 im Reiherstieg Hamburg, Foto: Claus Rothe*

Motorschiff DORNBUSCH (I) von 1937 letzter Neubau vor dem Zweiten Weltkrieg

Ein seltenes Foto vom Motorschiff DORNBUSCH 1938 am Bollwerk in Vitte

In einer Generalversammlung der Genossenschaftsreederei Hiddensee GmbH, Vitte wurde am 13. Dezember 1936 der Bau des Motorschiffes DORNBUSCH beschlossen. Die Bauausführung übertrug die Reederei dem Schiffbauunternehmen Wiemann, Brandenburg an der Havel. Für den Neubau gelang es dem Hiddenseer Unternehmen, einen Reichszuschuss von 34.000 RM zu erhalten. Die Gesamtkosten beliefen sich auf 128.500 RM. Über dem Projekt schien zunächst ein unglücklicher Stern zu stehen. In der Bauwerft brach im April 1937 ein größerer Brand aus, dem auch der auf Kiel gelegte Neubau zum Opfer fiel. Der für den 15. Juli 1937 festgelegte Ablieferungstermin musste vorerst hinausgeschoben werden. Am 6. November 1937 wurde das auf den Namen DORNBUSCH getaufte Schiff endlich vom Stapel gelassen. Am 5. und 6. Februar 1938 erfolgten die ersten Probefahrten. Die Brücken auf dem Weg von Brandenburg nach Stettin waren für die Aufbauten des Motorschiffes zu niedrig. Die Fertigstellung des Neubaus erfolgte deshalb erst in Stettin.

Das neue Motorschiff war mit 129 BRT vermessen. Es hatte eine Länge von 28,0 m und war 5,64 m breit. Als Antrieb diente ein 240 PS Dieselmotor, es besaß eine Schraube und erreichte 8,5 Knoten. Die DORNBUSCH verfügte über 195 vermessene Plätze, die Besatzung bestand aus sechs Mann.
Unmittelbar nach der Fertigstellung erfolgte ihr Einsatz im Dienst zwischen Hiddensee und Stralsund. Die DORNBUSCH erfreute sich bei den Passagieren schnell großer Beliebtheit. Das Schiff verfügte über eine moderne Inneneinrichtung und war für die kalte Jahreszeit mit einer Heizung ausgerüstet. Die Reederei beschäftigte das Schiff neben dem Liniendienst, ab Stralsund auch für reine Ausflugsfahrten, zum Beispiel „Rund-um-Hiddensee" oder im Sommer 1939 nachmittags von Stralsund um den Dornbusch herum, nach Kloster. Der Einsatz als Fahrgastschiff endete für die DORNBUSCH (I) nach dem Beginn des Zweiten Weltkrieges. Von 1939 bis 1940 übernahm die KMD Hamburg, Zweigstelle Rostock das Schiff und war als Navigationsschulboot für die seemännische Ausbildung der Luftwaffe in Lobbe; vorgesehen. Im August 1940 wurde das Schiff für das geplante „Unternehmen Seelöwe" nach Frankreich verlegt. Bis Kriegsende verblieb es dort im Bestand der Kriegsmarine. Im Mai 1945 wurde die bewaffnete DORNBUSCH niederländische Beute. 1948 beschäftigte sie die Koninklijke Marine als Verkehrsfahrzeug, umbenannt in DOORNBOSCH und später als DOORNBOS. Ab 1952 erfolgte der Einsatz als Patrouillenboot mit dem Namen HOBEIN.

1973 wurde es an J. van der Veldt & Zoon, Amsterdam verkauft und als Sportfischboot eingesetzt. Das kleine Motorschiff kam 1976 nach Deutschland zurück, wurde in KAROLINE umbenannt und war beliebtes Angel- und Ausflugsschiff.

Im Einsatz bei der Niederländischen Marine als HOBEIN *Y 8101, Foto: Collectie Nederlands Instituut voor Militaire Historie*

Die DORNBUSCH *als* KAROLINE *August 1978, Foto: Dr. Achim Borchert*

Gästefahrten mit den Neuendorfer Stadtbooten (Partiebooten) Seehund und Lachs in den 1930er-Jahren und Andere

Von Reisen mit Segelbooten nach Hiddensee wurde schon berichtet. Weniger bekannt ist aber der Einsatz von Fischereibooten für ausgesprochene Gästefahrten. Für viele Urlauber ist es auch bis heute ein besonderes Erlebnis, mit einem Segelboot unterwegs zu sein.

Die Str-148 auf dem Strelasund mit Gästen um 1930, Foto: Hans Hinsche

Wer damals den letzten Dampfer verpasst hatte, war sehr dankbar, wenn ihn einer der Fischer mit dem Segelboot nach Rügen oder nach Stralsund brachte. Wilhelm Segebrecht vermittelte in seinem Büchlein „Die Insel Hiddensee" von 1912 einige gut gemeinte Ratschläge. *„Vor allen Dingen aber vertraue er sein geliebtes Ich nur einem richtigen Hiddensoer Seemann und unter keinen Umständen einen anderen Badegast an, selbst wenn dieser eingeschriebenes Ehrenmitglied eines Dutzend Segelklubs ist. Dem einheimischen Fischer, der am Steuer sitz, vertraut er aber unter allen Umständen, auch in dem schwersten Unwetter, insbesondere jedoch pariere er aufs Wort, wenn dieser ihn auffordert, still zu sitzen. Für gewöhnlich wird eine Segelfahrt ohne ernstliche Besorgnisse verlaufen, der Hiddenseer ist mit Wind und Wetter eng vertraut und ein viel zu vorsichtiger Seemann, sodaß er lie-*

ber auf eine Fahrt verzichtet, als das er seine Bootsgäste in Gefahr bringt. Wenn aber der Fischer abrät, dann ist es ein unverzeihlicher Leichtsinn, ihn durch andauerndes Zureden zum Fortsegeln zu animieren.“

Stadtboote (Stadtbööt) wurden Segler auf Rügen und Hiddensee genannt, die in der Hauptsache zum Transport von frisch gefangenem, noch lebendem Fisch zum Beispiel nach Stralsund oder Greifswald, eingesetzt wurden. Die beiden Neuendorfer Fischerkommunen „Lüttpartie“ und „Grootpartie“ beauftragten Mitte der 1920er-Jahre die Bootswerft Jarling in Freest zum Bau je eines Kutters (Partiebootes oder Stadtboot). Für die „Lüttpartie“ wurde 1925 die Seehund gebaut (Baunummer: 194, erste Auftraggeber: Malte Gottschalk & Genossen). Das Boot war etwa 11 m lang und etwas über 3 m breit. Zwischen 1943/44 erfolgte der Einbau eines neuen 25 PS Dieselmotors. Um 1980 erfolgte nach einer längeren Liegezeit in Stralsund der Abbruch des Bootes.

Das Partieboot der Lüttpartie Seehund, Sammlung Uwe Grünberg

Das Partieboot für die Grootpartie LACHS*, Sammlung Uwe Grünberg*

Gäste auf dem Partieboot LACHS, *Sammlung Uwe Grünberg*

Auf der gleichen Werft wurde 1926, für die „Grootpartie" die LACHS (Baunummer: 199) gebaut. Das Partieboot (Stadtboot) LACHS war für 26 Personen zugelassen, hatte eine Länge von 12,6 m und war 3,2 m breit. Als erste Auftraggeber waren Paul Striesow & Genossen eingetragen. Nach Auflösung der Partie wurde die LACHS 1958 an Albert Krel nach

Stahlbrode verkauft und von Klinkerbauweise (Überlappend angebrachte Planken) auf der Bootswerft Menge in Lassan auf Kraweel umgezimmert (Planken Kante an Kante, Stoß auf Stoß befestigt). Von 1985 bis 1990 zeichnete die FPG Stahlbrode als Eigner des Kleinkutters und Reusenmotorbootes STA. 004 Lachs, welche sich 2018 noch im aktiven Fischereieinsatz befand. Neben der Nutzung der Stadtboote für die Fischerei wurden sie gelegentlich auch Urlaubern für Gästefahrten angeboten. Dazu zählten Inselrundfahrten, Mondscheinfahrten oder Fahrten zum Hafen Kloster. (Quelle: Uwe Grünberg: www.Braune-Segel.de)

In den Richtlinien für die Besichtigung von Passagierfahrzeugen im Passagier- und Bäderdienst von 1925 war festgelegt, dass Motorboote und Motorsegler, die weniger als 50 Personen befördern und nur kurze Fahrten bis zu ca. 2 Stunden Dauer an der Küste durchführten, nur einmal jährlich nach dem Formular für kleine Schiffe und alle zwei Jahre einer außerordentlichen Besichtigung (Maschine / Motor) unterzogen werden brauchten. Dazu zählten auch alle Fischereiboote, die im Sommer gewerbsmäßig Passagiere und Badegäste beförderten.

Aus dem Amtsblatt der preußischen Regierung zu Stralsund vom 16. April 1932 ist ersichtlich, dass bei der Personenbeförderung, auch mit Segelbooten, genaue Regeln und Bestimmungen einzuhalten waren. (§ 1.)

Führer von Motorbooten und Segelbooten mit Hilfsmotor, die auf eine Gesamtentfernung von nicht mehr als 10 Seemeilen von der Küste der Provinz Pommern aus zu Lustfahrten auf See mit Fahrgästen gewerbsmäßig benutzt werden, bedürfen, sofern diese Fahrzeuge nicht mehr als 100 Personen befördern dürfen, eines Befähigungszeugnis als Seemotorführer. Für Führer von Motorbooten genügte bei Lustfahrten auf See mit Fahrgästen in einer Entfernung von nicht mehr als fünf Seemeilen ein Befähigungszeugnis B1 als Seeschiffer in kleiner Hochseefischerei, neben dem Befähigungszeugnis als Seemotorführer.

Einige historische Aufnahmen von Segelbooten aus der Region Rügen

Ein Rügener Segler auf einem Garnboot um 1905

Ein sogenanntes Garnboot (mit Spiegelheck) im Rügener Revier um 1910

Vor Rügen um 1905

Rügenurlauber in den 1920er-Jahren

Urlauber in Breege-Juliusruh im Juli 1928

Das Sächsische Kinderheim in Wiek auf Rügen oder die „Weiße Kinderstadt am Bodden“

Im Jahr 1922 kaufte die sächsische Regierung das Gelände, der auf Anordnung der Entente aufgelösten ehemaligen Marineflieger Station in Wiek auf Rügen. Verschiedene der vorhandenen Baracken für die ehemals etwa 1.000 Mann starke Besatzung wurden als sächsisches Kinderheim eingerichtet. Bis zu 1.250 Kinder hatten von April bis Oktober für sechs Wochen die Möglichkeit, sich am eigenen Strand zu erholen. Die große Anlage wurde in der Zeit von 1928 /1929 durch 26 Häuser und verschiedene Wirtschaftsgebäude vergrößert. In Gruppen zu je 50 Kindern erfolgte die Anreise mit der Bahn nach Stralsund. Schiffe oder die Kleinbahn brachten die jungen Urlauber und ihre Begleiter zum Reiseziel. Den beteiligten Schifffahrtsunternehmen war eine gute Auslastung der Schiffe gewährleistet, was der Genossenschaftsreederei Hiddensee bei einem Fahrpreis von 1 RM pro Kind, immerhin eine jährliche Einnahme von 12.000 RM sicherte. Dazu kamen noch die Einnahmen aus Ausflügen je Belegschaft nach Hiddensee.

Die LIEBE auf See mit Kindern an Bord

Voll besetzt hat die Liebe ihren Bestimmungshafen erreicht.

Eine Kindergruppe zur Erholung in Wiek vom 20. April bis 28. Mai 1925

Lieber Vati jetzt geht es aber schnell mit dem Karten schreiben ich muß nemlich die ganzen Karten am Sonnabend abend 8½ Uhr fertig haben. Lieber Vati schreibe mir bitte wie die Adresse ist von

Text auf der Rückseite eines Fotos vom Dampfer Liebe *um 1931*

Das Sächsische Kinderheim in Wiek auf Rügen um 1925 mit Blick vom Bollwerk, Foto: W. Moeck

Das Sächsische Kinderheim in Wiek auf Rügen um 1925: die Rückseite des Heims mit Isolierhöfen, Foto: W. Moeck

Die LIEBE *von Prätz in Wiek, Sammlung H. Albrecht*

Der Dampfer Sowjetfreundschaft *kurz vor der Abfahrt nach Hiddensee am 1. Juni 1951 in Wiek mit Kindern aus dem Kinderheim, Sammlung Alexander Jenak*

Mit der ehemaligen Sowjetfreundschaft ex Direktor Ehmke, Heimathafen war noch Potsdam, wurden 1951 auch wieder Fahrten für Kinder nach Hiddensee angeboten.
In den Jahren des Zweiten Weltkrieges wurde das Heim zweckentfremdet und als Erziehungsanstalt, Wehrertüchtigungslager, Kaserne oder Reservelazarett genutzt. Nach dem Krieg war es ein Durchgangslager für Flüchtlinge und bis 1949 fanden Waisenkinder eine Bleibe und wurden versorgt. Auch in den Jahren danach wurde die Anlage weiter für die Erholung und Beschäftigung von Kindern genutzt.

Mädchengruppe zur Erholung in Wiek, 1925

Neubeginn nach dem Zweiten Weltkrieg und die DSU

Die Insel Hiddensee 3-182 im Hafen von Vitte 1949

DSU

DEUTSCHE SCHIFFAHRTS- UND UMSCHLAGSBETRIEBSZENTRALE
ZWEIGSTELLE STRALSUND · SEESTRASSE 6
TELEFON 246/255, ANSTALT DES ÜFFENTLICHEN RECHTS

UBERREICHT DURCH ______________________________

Visitenkarte der DSU

Nach der Besetzung der Insel Hiddensee durch Truppenteile der Roten Armee brachte das Motorschiff Insel Hiddensee in der Nacht vom 4. zum 5. Mai 1945 erste Flüchtlinge nach Wittower Fähre und Schaprode, Rügen. Eingesetzt wurde das Schiff auch für den Transport sowjetischer Militärangehöriger. Der Dampfer Swanti diente ab August 1945 für einen längeren Zeitraum als Seezeichendampfer für das Wasserstraßenamt Stralsund. Die notwendigen Umbauarbeiten erfolgten in der Staatswerft Stralsund. Im Februar 1946 wurde die Werft angewiesen, zum baldmöglichsten Termin sämtliche See- und Binnenwasserstraßen in ordnungsgemäßen Zustand zu versetzen. Es fehlten annähernd 100 eiserne Seezeichen verschiedener Klassen und über 400 hölzerne Seezeichen mussten neu angefertigt werden, die durch Kriegseinwirkungen verloren gingen. Die Swanti war auch noch 1948 in dieser Funktion für das Wasserstraßenamt Stralsund und die Genossenschaftsreederei im Einsatz. Der stark beanspruchte Dampfer lag für längere Zeit auf einer kleinen Werft in Gager, auf Rügen. Die Genossenschaftsreederei musste sich, dem Chartervertrag entsprechend, mit 5.500 M an den Werftkosten beteiligen. Erst Ende Mai 1949 erhielten die Hiddenseer ihren Dampfer zurück. Über den Verbleib des letzten Neubaus der DORNBUSCH (I) sind damals keine Nachrichten bis zur Insel gelangt, sie galt durch die Kriegswirren verloren. Mit der verbliebenen „INSEL", die für den Verkehr freigegeben und registriert war, nahm am 6. April 1946 die Genossenschaftsreederei Hiddensee den regelmäßigen Schiffsverkehr von den Häfen Kloster und Vitte nach Stralsund und Schaprode wieder auf. Zur gleichen Zeit erhielt auch das Motorschiff NAUTILUS der Reederei Alwert die Genehmigung, unter Aufsicht der sowjetischen Behörden, im Personenverkehr zwischen Rügen, Hiddensee und Stralsund zu fahren. Von Februar 1945 bis Januar 1946 lag in Stralsund der ehemalige Stettiner Dampfer DIEVENOW, ex WERNER auf. Als Eigentum des Rates der Stadt Stralsund, inzwischen wieder fahrbereit, erfolgte die Umbenennung in STRELASUND. Klassifiziert war der Dampfer als Haff- und Boddenschiff und war für 330 Personen zugelassen. Beschäftigt wurde die STRELASUND ab 1947 an den Wochenenden zwischen Stralsund und Neuendorf. Im Januar 1950 übernahm die DSU das Schiff und setzte es neben verschiedenen anderen Linien auch sonntags weiterhin von Stralsund nach Neuendorf ein. Als Jugendfahrgastschiff, war die STRELASUND 1950 in der Prorer Wiek, nordöstlich von Saßnitz, auch bei der Hebung des 1945 nach einem Minentreffer gekenterten ehemaligen Hapag Passagierschiffes HAMBURG im Einsatz. Der 1900 in Stettin vom Stapel gelassene Dampfer wurde 1955 in Wolgast abgebrochen.

Deutscher Schiffahrts- u. Umschlagsbetrieb (DSU) Stralsund
Vertragsreederei Walter Krusemark, Barth

DM 1,95 № 2602

Fahrschein

Der Fahrgast untersteht den allgemeinen Beförderungsbedingungen für die Fahrgastschiffahrt

II-4-1 F 16 247 374 Gültig nur für den angekreuzten Fahrtag

1	2	3	4	5	6	7	8	9	10	11	12	13	14	15	
16	17	18	19	20	21	22	23	24	25	26	27	28	29	30	31

DSU Stralsund

DM 1,95

H

Nr. 2602

DSU Fahrschein von Vertragspartner Walter Krusemark

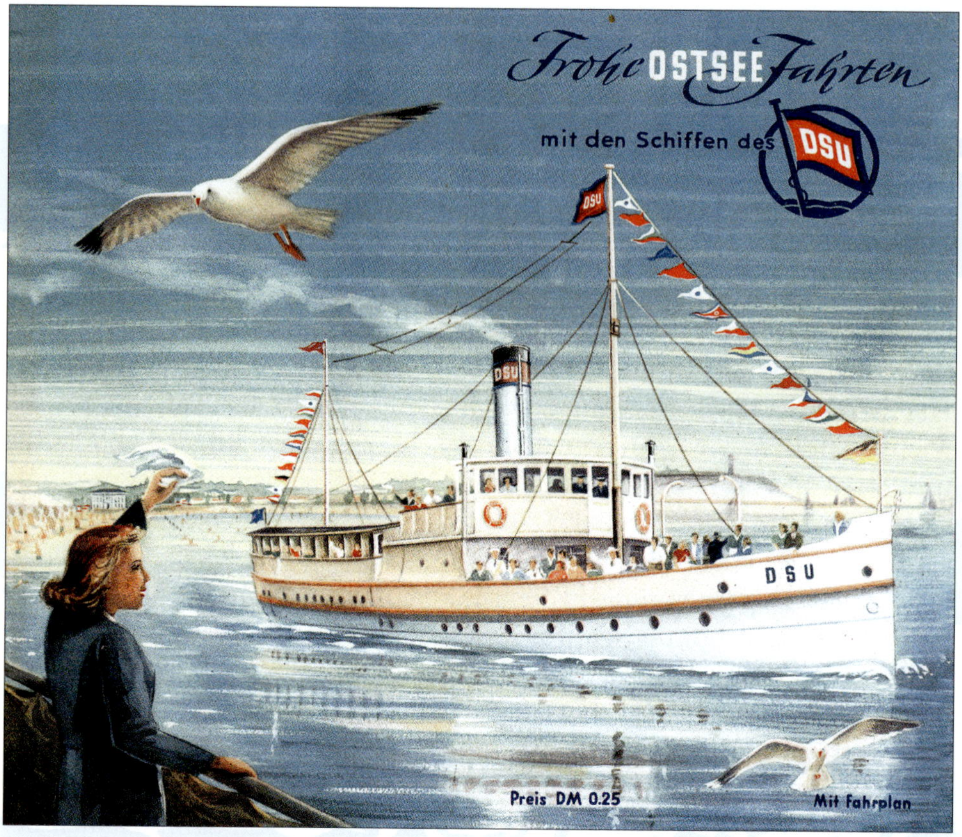
Frohe OSTSEE Fahrten
mit den Schiffen des DSU
DSU
Preis DM 0.25
Mit Fahrplan

Ein DSU Prospekt aus den 1950er-Jahren

STRELASUND
DSU 428

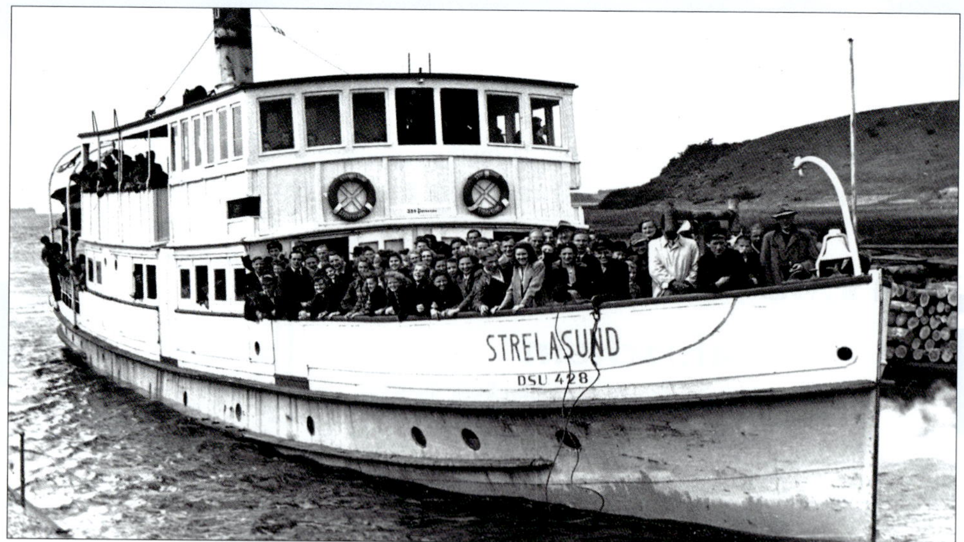

Eine seltene Aufnahme mit der STRELASUND ex WERNER, Sammlung Heinz Zimmermann

Das Motorschiff ALTWARP in Stralsund um 1949, im Hintergrund der Ippen-Schuppen

Ab 1950 wurde der Verkehr nach Hiddensee und zu Häfen Rügens, wie bereits erwähnt, mit eigenen Schiffen der DSU Zweigstelle Stralsund erweitert. Die DSU übernahm die Fahrpreise der Genossenschaftsreederei. Der Fahrpreis für Tagesfahrten von Stralsund nach Hiddensee stieg von 3 auf 4 M. Hiddensee und Rügen waren im Bezirk Rostock die beliebtesten Ausflugsziele.

Zur Vergrößerung des Schiffsraumes übernahm die DSU 1951 den Dampfer DIREKTOR EHMKE. Umbenannt in SOWJETFREUNDSCHAFT wurde das 1895 erbaute Schiff, gemeinsam mit der 1952 von Hiddensee gecharterten „INSEL" im Ostseebäderverkehr der DSU beschäftigt.

Die DIREKTOR EHMKE *DSU 3-188*

Die SOWJETFREUNDSCHAFT *Vorschiff um 1950*

Die DIREKTOR EHMKE *3-188 und später die* SOWJETFREUNDSCHAFT

Nach Hiddensee wurden zum Beispiel Fahrten von Baabe (Rügen), Wolgast und Greifswald angeboten. Die Fahrgastschiffe WESTERLAND und STOLZENFELS aus Berlin und seit 1954 auch das 1925 in Berlin Stralau erbaute Motorschiff SWANTE 3-216 (Kapitän Paul Abraham), verstärkten die DSU Flotte für einige Jahre.

Das Motorschiff SWANTE, *Eigner Paul Abraham im Hafen Kirchdorf (Insel Poel) 1947, Foto: Heinrich*

„Vorm Steven stäubt das Wasser“

Zeitungsartikel aus den 1950er-Jahren, Originaltext

„An der Pier des Stralsunder Hafens liegt das schlanke Motorschiff „Swante“, Vertragsschiff der DSU, vertäut. Der weiße Rumpf und die großen Scheiben des Mitteldecks leuchten in der Morgensonne. Der laufende Motor lässt den Leib des Schiffes leicht vibrieren. Käpten Paul Abraham steht schon im Ruderhaus, in das eine liebevolle Hand einen Strauß Margeriten gestellt hat. Für uns auf dem freien Vordeck hat er ein freundliches Nicken. Sein Gesicht trägt selbst dann noch ein Lächeln, wenn es ernst ist.

Nun werden die Taue losgeworfen. Ruhig gleitet das Schiff in sein Element hinaus, vorbei an der Mole und hinein in das Stralsunder Fahrwasser nach Norden. In feinem Dunst zerfließt die Ferne; weich sind die Küsten des Festlandes und der Insel Rügen in matten Glast gebettet. Vorm Steven stäubt das Wasser. Die Schaumkante der Bugwelle gleitet eine Strecke über den ruhigen Wasserspiegel, löst sich zu unzähligen Bläschen auf, die sich schließlich mit der weit auslaufenden Dünung verbinden. Möwen umkreisen das Schiff und stürzen sich mit schrillem Kreischen auf die Brotbrocken, die ihnen die Passagiere zuwerfen.

An der Backbordseite (linke Seite des Schiffes) gleitet ein Heringslogger vorbei. Lebendig leuchtet das Grün seines Rumpfes über dem zarten Blau des Wassers. Später begegnen uns die Motorschiffe „Swanti“ (war ein Dampfer) und „Nautilus“, die von Hiddensee kommend viele Menschen nach froh verlebten Ferientagen zurückbringen.

Hinter dem Parower Haken grüßt auf der Festlandseite der Kirchturm von Prohn. Perun hieß dieses Dorf in früheren Zeiten, nach dem Slawengott Perun. Die hohen Türme Stralsunds verschwinden langsam im Dunst, während das Steilufer von Barhöft in der Sonne aufleuchtet. Durch den silbrig glitzernden Sund gleiten wir an der Küste entlang und sinnen ein wenig über die Geschichte dieser Insel, die man die Perle der Ostsee nennt.

Bald hat die „Swante“ die Höhe von Barhöft erreicht. In Ufernähe wiegen sich blendend-weiße Schwäne in großer Anzahl auf den Fluten. Auf den Pfählen der Kummreusen haben sich Möwen zur Ruhe gesetzt. Voraus schwimmen die weißen, rotbedachten Häuschen von Neuendorf scheinbar im Wasser. Allmählich hebt sich das flache Land der Insel Hiddensee immer mehr aus der Flut, während weiter steuerbords (rechte Seite des Schiffes) der Dornbusch mit dem Leuchtturm deutlicher hervortritt. Dann legt die „Swante“ in Neuendorf an. Einige Fahrgäste verlassen das Schiff, andere kommen an Bord. Wenige Minuten dauert die Rast, und weiter geht es nordwärts. Die „Swante" gleitet zwischen der als Vogelschutzgebiet bekannten Fährinsel und dem Seehof hindurch und geht dann auf Ostkurs in den Rassower Strom. Schon winkt Steuerbord die weit vorspringende Landzunge des Südbugs, wo ganze Gänseschwärme das Wasser bedecken.

Früher fuhr die „Swante" die Route Wismar–Insel Poel. Eine Fahrt dauerte etwa eine Stunde. Seit 1951 aber steuert Käpten Abraham sein schmuckes Schiff Tag für Tag von Stralsund über Neuendorf und Wittower Fähre nach *Breege-Juliusruh. Dreieinhalb Stunden braucht er – die Unterbrechungen eingerechnet – für diese 59 km lange Strecke.*

Die Fahrgäste stehen auf dem freien Vorderdeck und genießen die reizvolle Landschaft. Andere sitzen auf dem Achterdeck im Windschutz und beobachten den Segelflug der Möwen. Viele haben auch auf den weichen Polstersitzen an den kleinen Tischen des Mitteldecks Platz genommen, wo sie einen Trunk aus der kleinen Schiffskantine erfrischt. Ungehindert kann auch von hier der Blick durch die großen Scheiben über Wasser und Küstenlandschaft schweifen.

Hinter der Wittower Fähre gleitet das Schiff in den *Breetzer Bodden. Spiegelglatt ist das Wasser. Haubentaucher ziehen ihre Bahn, und aus den schilfbesäumten Uferrändern schwimmen Kormorane heraus. Fischerboote stehen auf dem Wasser, und auf großen, von den Fluten umspülten Felsen rastet ein Storchenpaar. Unter der Wasseroberfläche segeln Quallen mit farbigen Ornamenten dahin. Klar wiederholen sich die Bäume des Ufers und die farbenfrohen Häuser des Dorfes Vieregge im blanken Wasserspiegel. Wie weiße Flecken wirken die Rinder auf den saftigen Weiden, und in das satte Grün der Getreideäcker wirken die Rapsfelder wie muntere gelbe Flecken. Hin und wieder bilden sich auf der Wasseroberfläche von einem Punkt auslaufende Kreise. Dort schnappt ein Fisch nach einem Insekt, das sich zu nahe heran wagte.*

Hinter Finkenhagen dreht sich der Breeger Bodden, und bald erkennt das Auge unser Reiseziel. Wie ein Smaragd schwimmt kurz vor dem Hafen eine kleine Schilfinsel im zarten Blau des Boddens und eine Schwanenfamilie macht ihren Ausflug. Die freundlichen im Grün versteckten Häuser von Breege winken. Die Luft trägt den Geruch von geteerten Netzen herüber. Im Hafen aber tummelt sich die sorglose Jugend des Dorfes und fühlt sich sichtlich wohl im Wasser.

Wir aber gehen an Land und freuen uns, dass uns nun viele sonnige Stunden am weißen Dünenstrand des schönen Ostseebades Juliusruh gehören werden. Abends wollen wir uns gern wieder von der „Swante" nach Stralsund tragen lassen, während die sinkende Sonne ihr Licht wie flüssiges Gold über Bodden und Sund ausgießt". -st-

B. 6. Ribnitz - Dierhagen - Wustrow

MS. „Onkel Fritz" — verm. 175 Pers.

Verkehrszeit: 18. 5.—14. 9. 52

Täglich

9.30* 13.00 18.30 ab Ribnitz.... an 7.35 12.35** 18.20
10.10 13.40 19.10 ab Dierhagen . ab 6.55 11.55 17.40
10.50 14.20 19.50 an Wustrow .. ab 6.15 11.15 17.00

*) Di ab Ribnitz 8.00 **) Di ab Wustrow 9.30

Fahrpreise:	DM	km
Ribnitz—Dierhagen	0,50	8,5
Dierhagen—Wustrow	0,50	8,5

B. 7. Ueckermünde - Usedom - Anklam

D. „Verein" — verm. 194 Pers.

Verkehrszeit: 18. 5.—14. 9. 52

Montag — Mittwoch — Sonnabend

7.00 ab ....Ueckermünde....... an 19.30
8.45 ab ....Usedom .... ab 17.45
11.00 an ....Anklam............. ab 15.30

Fahrpreise:	DM	km
Ueckermünde—Anklam	2,75	44,2
Ueckermünde—Usedom	2,—	22,1
Usedom—Anklam	2,—	22,1

8. Vitte/Hiddensee - Breege/Juliusruh

MS „Schwalbe II" — verm. 75 Pers.

Verkehrszeit: 1. 7.—31. 8. 52

Dienstag — Mittwoch — Donnerstag — Sonnabend

7.00 16.30 ab Vitte .... an 11.15 20.25
8.55 18.25 an Breege/Juliusruh . ab 9.00 18.30

Omnibusanschluß nach **Stubbenkammer**
Dienstag u. Donnerstag
Mo — Fr — So Sonderfahrten

Fahrpreise:	DM	km
Vitte—Breege	2,50	25

9. Prerow - Zingst - Hiddensee

MS „Heidi" — verm. 54 Pers.

Verkehrszeit: 18. 5.—14. 9. 52

Dienstag — Mittwoch — Donnerstag

6.00 ab ....Prerow .... an 20.30
7.00 ab ....Zingst .... an 19.30
11.00 an ....Hiddensee .... ab 15.30

Fahrpreise:	DM	km
Prerow—Hiddensee—Prerow ..	8,—	140
Zingst—Hiddensee—Zingst ...	6,50	114

10. Sellin - Baabe - Insel Vilm

MS „Hertha I" — verm. 65 Pers.
MS „Hildegard" — verm. 54 Pers.
MS „Fortuna" — verm. 54 Pers.

Verkehrszeit: 15. 5.—15. 9. 52

*) **Täglich** *)

8.00 14.00 ab Sellin .... an 12.30 19.00
8.10 14.10 ab Baabe .... ab 12.20 18.50
9.30 15.30 an Insel Vilm .... ab 11.00 17.30

*) nur bei Bedarf

RB-Anschlüsse von Binz u. Göhren nach Sellin u. umgek. zu den Schiffsabfahrts- u. Ankunftszeiten vorhanden.

Fahrpreise:	DM	km
Sellin—Baabe	0,50	1,8
Sellin—Baabe—Insel Vilm	1,50	15,5

11. Zinnowitz - Baabe - Sellin

MS „Elli II" — verm. 136 Pers.

Verkehrszeit: 18. 5.—14. 9. 52

Dienstag — Donnerstag — Freitag

7.00 ab Zinnowitz .... an 20.30
12.00 an Sellin .... ab 15.30

In den Monaten Juli und August verstärkter Verkehr
(Bei stürmischem Wetter fallen die Fahrten aus)

RB-Anschlüsse von allen Bädern der Insel Usedom nach Zinnowitz zur Dampferabfahrt vorhanden. Bei der Rückfahrt bestehen RB-Anschlüsse ab Wolgast. Schiff legt auf Wunsch in Wolgast an.

Fahrpreis:	DM	km
Zinnowitz—Sellin—Zinnowitz .	9,—	140

12. Saßnitz - Binz - Stubbenkammer

MS „Wiking" — verm. 58 Pers.
MS „Elli" — verm. 58 Pers.

Verkehrszeit: 18. 5.—14. 9. 52

— 8.00 12.00 16.00 ab Saßnitz an 11.00 15.00 19.45 —
— 9.30 13.30 17.30 an Binz ... ab 9.30 13.30 18.00 —
8.30 14.30 ab Binz ... an 12.30 18.30
über Stubbenkammer

9

Ein Auszug aus dem DSU Fahrplan von 1952 – Teil 1

Die wenigen Plätze auf den Schiffen im Verkehr zur Insel Hiddensee reichten in dieser Zeit kaum aus. Probleme gab es auch bei der Beförderung von Fracht, die vorwiegend mit dem Dampfer Swanti befördert wurde. Nicht selten kam es vor, dass Passagiere nur zwischen Frachtgütern und Reisegepäck Platz fanden. Allerdings kam es leider auch vor, dass von der DSU die Insel Hiddensee für Sonderfahrten beansprucht wurde. Alle drei Wochen fanden Kindertransporte zum Kinderheim nach Wiek statt. Zur gleichen Zeit wurden die Schiffe zur Insel verstärkt, aber auch der neu gegründete FDGB Urlauberverkehr musste seine Urlauber zur Insel befördern. Für den Hiddensee-Verkehr kamen in dieser Zeit aushilfsweise vorrangig die kleineren, bereits ge-

B = Verbindungen im Durchgangsverkehr Reichsbahn—Schiffahrt „Ostseeverkehr"

B. 1. Stralsund - Schaprode - Vitte - Kloster

MS. „Insel Hiddensee" — verm. 455 Pers.
D. „Svanti" — verm. 205 Pers.

Verkehrszeit: 18. 5.—14. 9. 52

1.6.— 18. 9. So	ab 12. 5. werktägl.	+ tägl.	1.6.— 18. 9. tägl.	
5.30	7.00	11.30	18.00	↓ ab Kloster ....
6.00	7.30	12.00	18.30	ab Vitte ....
—	8.30	—	—	ab Schaprode ...
8.15	10.15	14.15	20.45	an Stralsund .....

	So	1.6.— 18. 9. werktägl.	1. 6.— 18. 9. So	×	werktägl.	ab 12. 5. tägl.
Kloster..... an ↑	10.15	10.45	11.15	13.00	17.30	19.00
Vitte ...... an	9.45	10.15	10.45		17.00	18.15
Schaprode an	—	—	—		—	17.15
Stralsund . ab	7.30	8.00	8.30	10.45	14.45	15.30

Sonntag, Dienstag, Mittwoch und Freitag wird Schaprode nicht angelaufen

+) nur in der Zeit vom 23. 6. bis 23. 8.
×) nur auf besondere Anordnung (30—40 Pers.).

Fahrpreise:

	DM	km
Stralsund—Vitte—Kloster	3,—	37,1
Stralsund—Schaprode	3,—	25,9
Schaprode—Vitte—Kloster	1,50	14,6
Kloster—Vitte	0,50	4,6
Stralsund—Vitte—Kloster—Stralsund .... Tagesfahrten	3,—	74,2

B. 2. Stralsund - Zingst

D. „Alfred" — verm. 200 Pers.

Verkehrszeit: 18. 5.—14. 9. 52

Täglich außer Montag

8.30	19.30	ab Stralsund	an	8.30	19.30
*11.30	22.30	an Zingst	ab	5.30	16.30

*) Anschluß nach Prerow vorhanden

Jeden Montag

7.00 ab Zingst .... an 20.30
10.30 an Hiddensee .... ab 17.00

Fahrpreise:

	DM	km
Stralsund—Zingst	3,—	45
Stralsund—Zingst—Stralsund (Tagesfahrten)	4,50	90

8

B. 3. Wiek/Rg. - Dranske (Bug) - Neuendorf/Hiddensee - Stralsund und zurück

MS. „Nautilus" — verm. 143 Pers.

Verkehrszeit: 18. 5.—14. 9. 52

W	So	So	**Täglich**		So	tägl.
6.45	5.00		ab Wiek/Rg.	an		19.00
7.00	5.15		ab Dranske (Bug)..	ab		18.40
8.40	7.10	11.30	ab Neuendorf/Hidd.	ab	11.20	16.50
10.30	9.00	13.20	an Stralsund	ab	9.30	15.00

Fahrpreise:

	DM	km
Wiek—Dranske (Bug)	0,20	3,6
Wiek/Dranske—Neuendorf/Hidd.	2,00	28
Neuendorf/Hidd.—Stralsund...	2,00	26
Wiek/Dranske—Stralsund	3,00	48

B. 4. Stralsund - Breege / Juliusruh

MS. „Swante" — verm. 142 Pers.

Verkehrszeit: 18. 5.—14. 9. 52

Fr, Sa, So, Mo	Di, Mi			Fr, Sa So	Di Mi Do
8.00	15,30	ab Stralsund	an	21.00	9.00
9.45	—	an Neuendorf/Hidd. .	ab	19.10	—
9.55	—	ab Neuendorf/Hidd. .	an	19.00	—
10.40	17.30	an Wittow/Fähre	ab	18.15	6.45
11.30	18.30	an Breege/Juliusruh .	ab	17.30	6.00

Fahrpreise:

	DM	km
Stralsund—Neuendorf/Hidd. ..	2,—	26
Neuendorf—Wittow/Fähre	1,—	20
Wittow/Fähre—Breege/Juliusruh	0,75	13
Stralsund—Breege/Juliusruh ..	3,—	59
Stralsund—Breege/Juliusruh Tagesfahrten	5,—	118

B. 5. Barth - Zingst - Prerow / Darss

D. „Walter" — verm. 142 Pers.

Verkehrszeit: 18. 5.—14. 9. 52

Täglich

9.30	18.30	ab	.......Barth	an	8.45	18.15
10.30	19.30	ab	.......Zingst	ab	7.45	17.15
11.45	20.45	an	.......Prerow....	ab	*6.30	16.00

*) Sa Vor- und Nachsaison 5,30 ab Prerow

Fahrpreise:

	DM	km
Barth—Zingst	0,65	10,2
Zingst—Prerow	1,30	13,—
Barth—Prerow .. Tagesfahrten	3,—	46,4

Ein Auszug aus dem DSU Fahrplan von 1952 – Teil 2

nannten, Berliner Schiffe STOLZENFELS und WESTERLAND zum Einsatz, die aber ausschließlich für den Passagierverkehr genutzt wurden. Fotos belegen aus dieser Zeit auch den Einsatz des Motorschiffes ALTWARP ex K. CH BADE ab Stralsund. Vorrangig auf der Nachmittagstour wurde die SWANTI zur Mitnahme von Fracht eingesetzt, da die Reederei in jener Zeit über keinen eigenen Frachter verfügte. Die schon lange fällige Generalüberholung des Dampfers erfolgte 1954 in der Volkswerft Stralsund. Im gleichen Jahr charterte die Genossenschaftsreederei Hiddensee das Motorgüterschiff JOHANNA von der Generaldirektion Binnenschifffahrt. Der Frachter wurde dreimal in der Woche, nach regelmäßigem Fahrplan eingesetzt. Die Organisation der Frachtgüter übernahm VEB Deutsche

Die S*tolzenfels* *3-050 im Einsatz zwischen Stralsund, Rügen und Hiddensee*

Spedition. Inzwischen wurden es immer mehr Urlauber mit dem Reiseziel Hiddensee oder zu den Seebädern an der Küste der Halbinsel Wittow. Der damalige FDGB Feriendienst war sehr bemüht, möglichst vielen Mitgliedern eine solche Reise zu ermöglichen, für einen Urlaubsplatz an der Ostsee brauchte man Glück oder gute Beziehungen.

Um die vielen Urlauber zu ihren Reisezielen und zurück zu befördern reichten die vorhandenen Plätze oft nicht aus. Wiederholt wurde die Insel aus dem Liniendienst herausgezogen und für die DSU zu Kindertransporten nach Wiek oder zu den Ferienlagern im Raum Breege/Juliusruh und Umgebung eingesetzt. Vom Herbst 1954 bis Ende Mai 1955 erfolgte in der Volkswerft Stralsund eine umfassende Überholung des Motorschiffes und im Dieselmotorenwerk Rostock die Erneuerung der beiden Diesel. Die Bauwerft hatte 1935 den beiden Motoren eine Lebensdauer von maximal 15 Jahren gegeben. Da ist die Würdigung des Maschinisten der „Insel" an dieser Stelle angebracht. *„Nur der sorgfältigen Pflege unseres Maschinisten Max Voss war es zu danken, dass sie noch betriebsfähig war".* * *Chronik* In der Saison 1954 mussten Nachbaggerungen der Fahrrinnen nach Kloster und Vitte in Angriff genommen werden. Bei niedrigem Wasserstand kam es öfter zu leichten Grundberührungen und zwei Schiffe konnten sich in den Rinnen nicht begegnen. Das ankommende Schiff musste von Fall zu Fall in der Rinne liegen bleiben, wenn am

Bollwerk in Vitte oder Kloster ein Schiff auszulaufen beabsichtigte. Nicht selten ist es vorgekommen, dass Schiffe bei Nebel oder schlechter Sicht fest kamen und einige Zeit benötigten sich wieder frei zu arbeiten.
Im Jahr 1955 kaufte die Genossenschaftsreederei Hiddensee von Herrn Karl Oppermann aus Malchin den Frachter Hoffnung, der gemeinsam mit der Johanna als Versorger für die Insel Hiddensee zum Einsatz kam. Zur Ladung gehörten in der Hauptsache Lebensmittel, gelegentlich aber auch Stückgüter. Für die im Liniendienst befindlichen Ausflugsschiffe bedeuteten die „Frachter" eine bemerkbare Entlastung. Auf dem Bollwerk in Kloster konnte im Frühjahr 1957 das neue Verwaltungsgebäude der Genossenschaftsreederei übergeben werden. (Quelle: Auszüge aus der Chronik der Genossenschaftsreederei Hiddensee von Heinrich Berg)

Noch einige Ausflugsschiffe der 1950er-Jahre

Die Heidi verlässt Kloster 1952, im Hintergrund der Dornbusch

Die H*eidi* *von Emil Messerschmidt aus Born zurück von Kloster 1950*

Bademode 1947

Mit dieser Postkarte, abgestempelt in Vitte, Juni 1959, haben die Gebrüder Garloff aus Magdeburg der Nachwelt einen tollen Beleg hinterlassen. Die STUBNITZ, Die WALTER und die HEIDI (I), im Hafen Vitte

Auf dem Dampfer ALFRED im Jahre 1951

Der Dampfer ALFRED im Juli 1951

Der Dampfer SWANTI der Genossenschaftsreederei Hiddensee verlässt Vitte und begegnet der ankommenden DORNBUSCH (II), die für die „Weiße Flotte" Stralsund fährt, 1950er-Jahre.

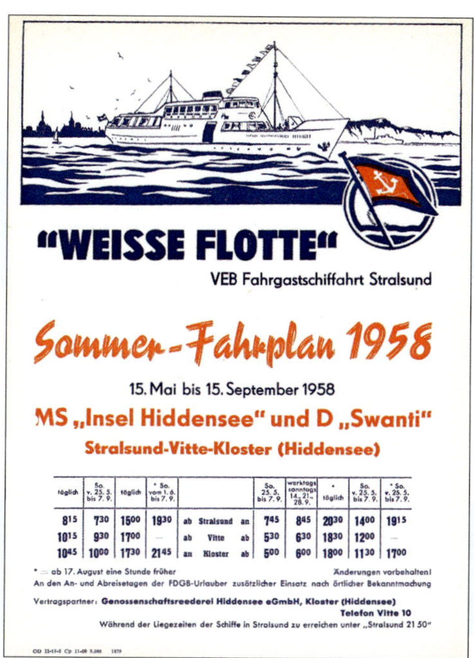

"WEISSE FLOTTE"

VEB Fahrgastschiffahrt Stralsund

Sommer-Fahrplan 1958

15. Mai bis 15. September 1958

MS „Insel Hiddensee" und D „Swanti"

Stralsund-Vitte-Kloster (Hiddensee)

täglich	So. v. 25. 5. bis 7. 9.	täglich	* So. vom 1. 6. bis 7. 9.				So. 25. 5. bis 7. 9.	werktags sonntags 14., 21., 28. 9.	* täglich	So. v. 25. 5. bis 7. 9.	* So. v. 25. 5. bis 7. 9.
8^{15}	7^{30}	15^{00}	19^{30}	ab	Stralsund	an	7^{45}	8^{45}	20^{30}	14^{00}	19^{15}
10^{15}	9^{30}	17^{00}	—	ab	Vitte	ab	5^{30}	6^{30}	18^{30}	12^{00}	—
10^{45}	10^{00}	17^{30}	21^{45}	an	Kloster	ab	5^{00}	6^{00}	18^{00}	11^{30}	17^{00}

* = ab 17. August eine Stunde früher

Änderungen vorbehalten!

An den An- und Abreisetagen der FDGB-Urlauber zusätzlicher Einsatz nach örtlicher Bekanntmachung

Vertragspartner: Genossenschaftsreederei Hiddensee eGmbH, Kloster (Hiddensee)
Telefon Vitte 10

Während der Liegezeiten der Schiffe in Stralsund zu erreichen unter „Stralsund 21 50"

OD II-17-8 Cp 11-68 8,300 1879

Der Aushangfahrplan für die Schiffe Insel Hiddensee *und* Swanti *für den Sommer 1958, noch gehörten beide Schiffe der Genossenschaftsreederei Hiddensee*

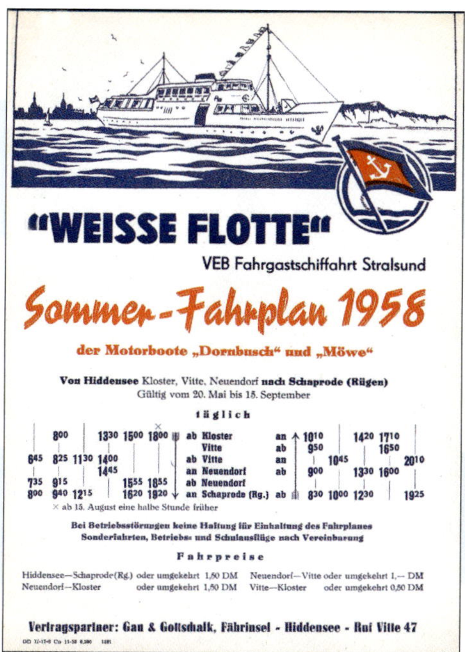

"WEISSE FLOTTE"

VEB Fahrgastschiffahrt Stralsund

Sommer-Fahrplan 1958

der Motorboote „Dornbusch" und „Möwe"

Von Hiddensee Kloster, Vitte, Neuendorf nach Schaprode (Rügen)
Gültig vom 20. Mai bis 15. September

täglich

	8^{00}		13^{30}	15^{00}	18^{00} ×	ab	Kloster	an	10^{10}		14^{20}	17^{10}	
							Vitte	ab	9^{50}			16^{50}	
6^{45}	8^{25}	11^{30}	14^{00}			ab	Vitte	an		10^{45}			20^{10}
			14^{45}			an	Neuendorf	ab	9^{00}		13^{30}	16^{00}	
7^{35}	9^{15}			15^{55}	18^{55}	ab	Neuendorf						
8^{00}	9^{40}	12^{15}		16^{20}	19^{20}	an	Schaprode (Rg.)	ab	8^{30}	10^{00}	12^{30}		19^{25}

× ab 15. August eine halbe Stunde früher

Bei Betriebsstörungen keine Haftung für Einhaltung des Fahrplanes
Sonderfahrten, Betriebs- und Schulausflüge nach Vereinbarung

Fahrpreise

Hiddensee—Schaprode (Rg.) oder umgekehrt 1,50 DM
Neuendorf—Vitte oder umgekehrt 1,— DM
Neuendorf—Kloster oder umgekehrt 1,50 DM
Vitte—Kloster oder umgekehrt 0,50 DM

Vertragspartner: Gau & Gottschalk, Fährinsel - Hiddensee - Ruf Vitte 47

OD II-17-8 Cp 11-58 8,300 1881

Der Aushangfahrplan für die Motorboote Dornbusch *(II) und* Möwe *der Fährgenossenschaft Gau & Gottschalk für das Jahr 1958*

Die Einheit ex Metz um 1950

Die Einheit ex Metz mit Kapelle

Eine Auswahl der sogenannten „Postboote“

Das Motorboot Dornbusch (II) der Fahrgenossenschaft Gau & Gottschalk am 26. August 1958, auf der Linie: Schaprode–Neuendorf–Vitte–Kloster, Foto: Frank Junge

Die Dornbusch als Enddorn bei der „Weißen“ Flotte um 1970

Die Dornbusch als Enddorn im Stralsunder Badenkanal in den 1980er-Jahre, Foto: Claus Rothe

Das Motorboot Waase von Paul Peplow, Waase Halbinsel Ummanz (Rügen)

Das Motorboot Möwe II, Rug 13, Eigner Paul Peplow, an der Steinklappe im Hafen Stralsund

Das Motorboot Wiking für den VEB Fahrgastschiffahrt „Weiße Flotte“

Das Motorboot Flunder im Jahr 1978 im Stralsunder Fährkanal für den VEB Fahrgastschiffahrt „Weiße Flotte", Foto: Claus Rothe

Das Motorboot Waase auf dem Strelasund, Eigner ist Paul Peplow.

Das Motorboot Schwalbe (II), Eigner ist Bruno Putbrese

Die Arkona von Willi Schlieker aus Neuendorf war für Urlauber, die den letzten Dampfer zum Festland verpasst hatten, oft die letzte Rettung. Das offene Motorboot wurde von Neuendorf über Vitte nach Kloster aber auch bis nach Dranske und zu anderen Zielen eingesetzt. Das Foto zeigt die Arkona nach einem Umbau als kleines Zeesboot unter der Registriernummer FZ 61. Sammlung Nils Rammin

Gründung des VEB Fahrgastschiffahrt „Weiße Flotte“, Sitz Stralsund, 1957

Übernahme der Genossenschaftsreederei Hiddensee durch die „Weiße Flotte“ 1960

Entsprechend der Verordnung über die Bildung halbstaatlicher Betriebe vom 26. März 1959

Laut Anordnung über die Organisation der volkseigenen Schifffahrts- und Umschlagsbetriebe vom 22. Dezember 1956 wurde am 1. Januar 1957 der VEB Fahrgastschifffahrt Stralsund „Weiße Flotte“ mit Sitz in Stralsund, unter gleichzeitiger Verleihung der rechtlichen Stellung einer juristischen Person gegründet.

Der neue volkseigene Betrieb sollte den überwiegenden Teil des Ausflugs- und Liniendienstes entlang der ehemaligen DDR-Ostseeküste übernehmen. Unmittelbar nach Firmengründung, mit einem Personalbestand von 28 Mitarbeitern, zählte vor allem der reibungslose Liniendienst zwischen Stralsund, Rügen und Hiddensee zu den vorrangigsten Aufgaben. Begonnen wurde vorerst mit den sieben Motorschiffen, ALTEFÄHR (I), DORNBUSCH (I), DEUTSCH-SOWJETISCHE FREUNDSCHAFT, BREEGE, MÖWE, WIKING und ELDENA.

Die ALTEFÄHR (I) in Stralsund um 1958, Foto: Horst Maiwald

Die D*ORNBUSCH* *(I), Foto: Archiv „Weiße Flotte" Stralsund*

Die DSF in den 1960er-Jahren

Die Stubnitz *um 1959, Foto: Horst Maiwald*

Die Eldena *(P 4008) in Stralsund um 1959*

Die Möwe am Anleger im Hafen Stralsund, Foto: Willi Herbst

Die Breege um 1960

Diese befanden sich zwar im einsatzfähigen Zustand, mussten jedoch hinsichtlich Einrichtung und Ausrüstung auf den neuesten Stand gebracht werden. Die Motorschiffe STUBNITZ, GRANITZ und LUDWIGSBURG verstärkten im gleichen Jahr den Schiffspark der neuen Stralsunder Reederei. Mit zehn Fahrgastschiffen, einer Gesamtzahl von 1.511 Plätzen führte die „Weiße Flotte" die Saison 1957 durch und beförderte 30.000 Fahrgäste. Zur gleichen Zeit gab es, neben diesem VEB Betrieb, aber auch noch einige kleinere Schifffahrtsbetriebe. Aber es gab auch weiterhin die Genossenschaftsreederei Hiddensee GmbH, mit Sitz in Vitte. Sie unterstützte den Schiffsverkehr mit dem Motorschiff INSEL HIDDENSEE und dem Dampfer SWANTI, letzter Dampfer in der Region. Die Hiddenseer Reederei setzte beide Schiffe im Liniendienst Kloster–Vitte–Stralsund ein. In Wiek befand sich der Sitz der Reederei Hermann Alwert, Inhaber Joh. Alwert: Mit ihrem Motorschiff NAUTILUS hielten sie den Liniendienst Wiek–Dranske–Neuendorf aufrecht. Den Verkehr zwischen Hiddensee und Schaprode sicherte die Fährgesellschaft Gau & Gottschalk, mit Sitz in Vitte mit den Motorbooten MÖWE und DORNBUSCH (II) (später in ENDDORN umbenannt) ab. Bruno Putbrese aus Vitte setzte sein Motorboot SCHWALBE (II) zwischen Vitte und Breege ein. Willi Schlieker aus Neuendorf beschäftigte seine ARKONA auf der Linie Neuendorf–Vitte–Kloster oder brachte Fahrgäste direkt von Hiddensee nach Dranske auf Rügen. Das Schiff wurde aber auch durch die Erdöl-Erdgas Gommern GmbH (EEG) für Dienstfahrten genutzt, um nach Erdöl- und Erdgasvorkommen im Gebiet der Boddengewässer, rund um Rügen und Hiddensee zu suchen. Diese kleineren Unternehmen mit ihren Motorbooten, oft auch als Postboote bezeichnet, waren eine wichtige Stütze für die Inselbewohner und Urlauber.

Entsprechend der Verordnung über die Bildung halbstaatlicher Betriebe vom 26. März 1959 wurden die in privater Hand befindlichen Schifffahrtsunternehmen und Schiffseigner durch behördliche Anweisung veranlasst, den Einsatz ihrer Fahrzeuge laut Vertrag mit der „Weißen Flotte" Stralsund zu binden. Damit lagen unter anderem die Abführung der Wasserstraßenabgaben, Werbungskosten sowie Druck und Lieferung von Fahrscheinen allein in der Hand der „Weißen Flotte". Die Schiffe BREEGE, ALTEFÄHR und ELDENA wurden im Winter 1957/1958 einer Überholung unterzogen und erhielten Polsterbestuhlung. Die DEUTSCH-SOWJETISCHE FREUNDSCHAFT, kurz „DSF" oder „FREUNDSCHAFT" genannt und die gleichaltrige Dornbusch (II), beide Baujahr 1895, erhielten neue Antriebsmaschinen. Zwei kleinere Motorschiffe MÖWE und WIKING erweiterten die Flotte und erhielten ein Fahrgast-Aufbaudeck. Ende Dezember 1957 erregte ein neues, modernes Fahrgastschiff im Stralsunder Hafen die Aufmerksamkeit.

Die SEEBAD AHLBECK bei Ankunft in Warnemünde 1988, Foto: Claus Rothe

Die SEEBAD AHLBECK war erstes Schiff der Seebäderklasse von der damaligen Schiffswerft „Edgar André", in Magdeburg-Rothensee. In den Folgejahren lieferte die gleiche Werft noch fünf weitere Schiffe dieser Klasse an die Reederei am Strelasund. Es handelte sich um die SEEBAD BINZ, SEEBAD HERINGSDORF, SEEBAD WARNEMÜNDE, SEEBAD WUSTROW und SEEBAD ZINGST. Trotz der Neubauten reichte die Platzkapazität weiterhin nicht aus. Für kurze Zeit kamen einige kleinere Fahrgastschiffe aus dem Raum Berlin/Brandenburg zur Unterstützung an die Küste. Es handelte sich, um die WESTERLAND, STOLZENFELS, TEMPELHOF, ALTWARP und HAVELLAND.

Mit Kurs Hiddensee wurden 1958 Schiffe der „Weißen Flotte" von verschiedenen Häfen aus auf die Reise geschickt: Am 1. Juli 1958 bezog die Reederei ein neues Verwaltungsgebäude Fährstraße 16, direkt am Hafen Stralsund. Der weiße Anstrich der Fassade machte das Gebäude schnell als „Weißes Haus" bekannt. 1959 kaufte das Unternehmen vier weitere kleine Boote aus privater Hand (DORSCH, WAASE, STINT, HECHT). Mit der Übernahme des Fährschiffes DER STRALSUNDER vom Rat der Stadt Stralsund, am 1. Januar 1959 war der Schiffsbestand der „Weißen Flotte" auf 17 angestiegen. Am 1. Januar 1960 übernahm sie den gesamten Betrieb der Genossenschaftsreederei Hiddensee GmbH,

Vitte mit den Schiffen SWANTI und INSEL HIDDENSEE. Aus der Reederei Hermann Alwert erweiterte die NAUTILUS den Bestand. Weitere Neuzugänge waren die kleinen Motorschiffe FLUNDER, GELLEN (I) und ENDDORN und die beiden Motorfrachter HOFFNUNG und JOHANNA. Die zwei Frachtschiffe waren für die Versorgung der Hiddenseer Einwohner dringend notwendig, da durch die enorme Zunahme des Urlauberverkehrs die herkömmlichen Mittel nicht mehr ausreichten. Der Schiffsbestand hatte sich auf 23 Fahrgastschiffe; zwei Frachter und Platzangebot für 3.251 Fahrgäste erhöht. Mit den bereits vorhandenen Fahrgastschiffen und den 1960 neu hinzugekommenen Einheiten gab es in der Hiddensee-Fahrt eine Reederei, die an Schiffsraum alles Bisherige übertraf. Seitdem lag die Beförderung der Passagiere und Versorgung der auf der Insel lebenden Menschen in der Verantwortung der „Weißen Flotte". Am 1. Januar 1960 wurde eine Zweigstelle Hiddensee, Hauptsitz in Kloster eröffnet, um zusätzliche Abfertigungsstellen in Vitte und Neuendorf zu gewährleisten. Auch im Hafen Stralsund waren bei der Fahrgastabfertigung dringende Verbesserungen angebracht. Für den Fahrscheinverkauf diente bis dahin ein kleines Holzhäuschen, was den Anforderungen nicht mehr gerecht wurde. Ein neuer Verkaufspavillon, genannt „Pavillon am Hafen" wurde zur Saison 1962 eröffnet und ist noch heute in Betrieb.

Der Bau des „Pavillon am Hafen", rechts das alte Holzhäuschen und im Hintergrund der Anleger mit der MÖWE, Foto: Werbeabteilung Goldammer

Nun hatten die Fahrgäste wenigstens ein Dach über dem Kopf, wenn sie nach einem Fahrschein oder einer Auskunft stundenlang anstehen mussten. Unterkünfte für Reisende, oder wenigstens eine Möglichkeit für die Aufbewahrung von Reisegepäck usw. fehlten aber weiterhin. Die Möglichkeit, direkt vom Heimatort aus einen Fahrschein für die Weiterfahrt nach Hiddensee zu lösen (Ostseebäderverkehr), verhinderte längeres Warten am Fahrscheinschalter. Aber nur wenige Gäste hatten sich vorher über diese Möglichkeit informiert. Wer nach einer langen Zugfahrt, etwa um 5.20 Uhr, den Hafen dann endlich erreichte, musste oft lange auf die Abfahrt des Schiffes warten. Im Hafengelände fehlte es an Sitzgelegenheiten und man musste immer ein Auge auf das Reisegepäck werfen, damit der Urlaub auch wirklich zum Erlebnis wurde. Möglichkeiten für ein Frühstück, Kaffee oder schon einmal ein frühes Bier, gab es erst auf dem „Dampfer". Die Reederei hatte aber kaum Chancen etwas zu ändern, da die nötigen Mittel fehlten. Der Staat zahlte immerhin große Summen, damit die Fahrscheine nicht teurer wurden. Bereits 1919 von der Genossenschaftsreederei Hiddensee eingeführt, kostete eine Reise für einen Erwachsenen von Stralsund nach Kloster und zurück nur vier Mark. Wer dann auch noch einen Sitzplatz an Bord erobern konnte, zählte immerhin schon zu den ganz Glücklichen. Vor Abfahrt der Schiffe nach Hiddensee galt es, rechtzeitig an der Anlegestelle zu sein, um einen der begehrten Fahrscheine, oder Plätze zu erhalten. Probleme mit der Auslastung der Schiffe hatte die „Weiße Flotte" nicht, auf keinen Fall zur Saison. Verstärkung erhielt die „Weiße Flotte" durch ein ehemaliges Torpedofangboot vom Typ „Sperber", der DDR Volksmarine, was auf der Greifswalder Bootswerft zum Fahrgastschiff umgebaut wurde. Am 2. Mai 1971 erfolgten die Übergabe des in GELLEN (II) getauften Schiffes und der Einsatz im Linienverkehr zwischen Stralsund und Hiddensee.

Welches Schiff der Stralsunder „Weißen Flotte" als echter „Hiddensee Dampfer" bezeichnet werden kann, ist nicht leicht zu beantworten. Die Reederei setzte die Schiffe oft nach Bedarf in den Liniendienst nach Hiddensee und Rügen ein.

Das Fährschiff Der Stralsunder mit Kurs auf Altefähr, im Hintergrund die Fritz Heckert als Wohnschiff für Angehörige des Kernkraftwerkes „Nord" in Lubmin, Foto: Claus Rothe

Zu Saisonbeginn 1977 bin ich auf einer Dienstreise nach Hiddensee auch mit der Fähre Der Stralsunder von Stralsund nach Neuendorf gefahren. Auf der Hinfahrt war ich der einzige Fahrgast, der Fahrplan wurde aber eingehalten. Aus Gründen der Wirtschaftlichkeit kam es oft zum Einsatz verschiedener Schiffe.

Der Dampfer Swanti bei der „Weißen Flotte"

Die Gellen *(II) am 7. Mai 1990, Foto: Claus Rothe*

Die Swanti *1968 im Badenkanal schon ohne Brücke, Foto: Günter Dame*

Der Dampfer SWANTI (1968 abgebrochen), die Motorschiffe INSEL HIDDENSEE, DEUTSCH SOWJETISCHE FREUNDSCHAFT, NAUTILUS, STUBNITZ, SEEBAD WUSTROW, SEEBAD ZINGST, SEEBAD BINZ, SEEFALKE, SEEWOLF oder GELLEN (II), waren vorrangig im Liniendienst nach Hiddensee eingesetzt. Die DORNBUSCH (I) hatte über einen langen Zeitraum Wiek auf dem Fahrplan.

Nach Hiddensee fuhren u. a. in der Saison 1976 die Seebäderschiffe SEEBAD WUSTROW von Baabe (Rügen) und Greifswald / Wieck, SEEBAD BINZ von Lauterbach (Rügen) und die SEEBAD AHLBECK zweimal in der Woche von Warnemünde. Täglich, außer sonntags fuhr MS DORNBUSCH ab Breege (Rügen), SEESCHWALBE von Kuhle über Dranske oder über Wiek (Rügen, Halbinsel Wittow), SEEADLER von Ralswiek und SEEFALKE von Stahlbrode zum „Söten Länneken". Die Schiffe ALTEFÄHR und SEEFALKE boten von Mai bis August ab Wiek / Rügen, jeweils freitags, Fahrten „Rund um die Insel Hiddensee mit Aufenthalt in Stralsund" an. Auf dieser Linie wurden 3.848 Personen befördert. GELLEN (II) beförderte auf der Linie Zingst–Hiddensee von Mai bis September, täglich außer am Sonntag 22.158 Passagiere.

Wegen Nichtauslieferung der Schiffe BREEGE und DEUTSCH SOWJETISCHEN FREUNDSCHAFT übernahm in dieser Saison teilweise die SEEFALKE den Schiffsverkehr zwischen Stralsund und Schaprode nach Hiddensee.

Wegen Versandung des Fahrwassers konnte die vorgesehene Route Wolgast–Hiddensee nicht angeboten werden.

Einige Zahlen aus dem erwähnten Jahr 1976 sollen Auskunft über die beförderten Personen auf den verschiedenen Schiffen im Liniendienst Stralsund–Hiddensee geben:

Stralsund–Neuendorf	beförderte Personen
MS GELLEN	1.154
MS SEEADLER	1.643
MS SEEFALKE	26.840
MS SEESCHWALBE	1.415
MS SEEWOLF	19.803
MS DER STRALSUNDER	181

Stralsund–Neuendorf–Vitte–Kloster

MS Insel Hiddensee	132.071
MS Seebad Zingst	904
MS Gellen	13.005
MS Stubnitz	1.589
MS Seebad Ahlbeck	1.424
MS Seefalke	7.250
MS Seeadler	547
MS Nautilus	45.001
MS Seewolf	4.923
MS Seeschwalbe	1.148
MS Seebad Wustrow	7.227
MS Seebad Binz	876
MS Breege	589

Auf der Linie Schaprode–Hiddensee waren die Schiffe Enddorn, Altefähr, Flunder, Wiking, Breege und Seeadler im Einsatz. Insgesamt wurden auf dieser Linie 101.197 Urlauber und Einheimische befördert.

Die Ribnitz-Damgarten bei Ankunft am Rügendamm am 3. August 1988, Foto: Claus Rothe

Am Mittwoch, 3. August 1988, lief zum Brückenzug um 8.10 Uhr ein Neubau vom Typ „Moskowskii“ der Werft MSSZ aus Moskau-Nagatino, das Motorschiff Ribnitz-Damgarten, durch den Ziegelgraben. Mit Hilfe des 750 PS Motorschleppers Darsser Ort der BBB (Bagger-Bugsier- und Bergungsreederei, Rostock) machte es anschließend am Ippen-Schuppen im Stralsunder Hafen fest. Es war der vorletzte Neubau für den ehemaligen VEB „Weiße Flotte“ Stralsund, gefolgt vom Schwesterschiff Stadt Wismar, 1989 auf der gleichen Werft gebaut. Vermessen waren diese Schiffe mit 209 BRT, die Tragfähigkeit betrug 18,80 tdw, die Länge über alles betrug 36,13 m und die Breite 6,96 m. Der mittlere Tiefgang betrug 1,40 m. Als Antrieb dienten zwei Hauptmotoren mit Wendegetriebe; je 110 kW (150 PS), 11,0 Knoten Geschwindigkeit. An Bord war Platz für 179 Passagiere und acht Besatzungsmitglieder, davon vier für die Bewirtschaftung. Im Fahrplan für 1990 wurde die Ribnitz-Damgarten von Mai bis September, am Sonntag und Montag von Zingst nach Neuendorf angeboten.

Einsatz der Frachter Johanna und Hoffnung und der Fährschubeinheit Rassow-Libben

Die Versorgung der Einwohner und Urlauber Hiddensees musste bis März 1974 allein mit den beiden, damals schon betagten Frachtern Hoffnung und Johanna mit insgesamt ca. 92 Tonnen Tragfähigkeit bewältigt werden, was eine enorme, anerkennungswerte Leistung beider Schiffsbesatzungen darstellte. Alles musste unter großen körperlichen Anstrengungen verladen und entladen werden. Nach der Indienststellung der Fährschubeinheit Rassow-Libben durch die „Weiße Flotte“ am 2. April 1974 verbesserten sich die Möglichkeiten zur Versorgung der Insel wesentlich. Nun konnten Lebensmittel und auch größere Mengen an Baumaterial ohne vorherigen Umschlag auf einen Frachter direkt mit Lastkraftwagen übergesetzt werden. Die Anlegestellen für den „Schuber“ befanden sich auf Rügen in Schaprode und auf Hiddensee in Schwedenhagen, unweit vom Hafen Kloster. Am 3. Juli 1982 hatte der Schwerlast- und Kfz-Transporter Neuendorf an der Stralsunder Mole festgemacht. Dieses ehemalige Landungsboot der DDR Volksmarine (Labo-Projekt „46“, Stapellauf auf der Peenewerft Wolgast war 1962) wurde in Szczecin (Stettin) auf der Parnica-Werft umgebaut, danach erinnerte nur noch die Landeklappe an die ursprüngliche Verwendung. Das Schiff wurde für unterschiedliche Transportaufgaben verwendet und verchartert. Im Jahr 1989 diente die Neuendorf für kurze Zeit als Ersatz für die Fährschubeinheit Rassow-Libben auf der Linie Schaprode–Kloster.

Angaben zu den Frachtschiffen

Motorgüterschiff Johanna

Baujahr:	1925
BRT:	46,22
Länge:	23,05 m über alles
Breite:	4,21 m / 4,61 m über alles
Tiefgang maximal:	1,39 m
Antrieb:	Ein Dieselmotor 80 PS
Geschwindigkeit:	7,8 Knoten
Ladefähigkeit:	44,2 t
Besatzung:	3

Motorgüterschiff Hoffnung

Baujahr:	1919 in Anklam
BRT:	45,87
Länge:	17,36 m über alles
Breite:	5,25 m über alles
Tiefgang maximal:	1,62 m
Antrieb:	Ein Dieselmotor 80 PS
Geschwindigkeit:	7,0 Knoten
Ladefähigkeit:	47,9 t maximal
Besatzung:	3

Schwerlast- und Kfz-Transporter Neuendorf

Bauwerft:	VEB Peenewerft Wolgast, Wolgast
Baunummer:	120
Baujahr:	1962
BRT:	291,0
Tragfähigkeit (tdw):	83
Länge:	41,00 m über alles
Breite:	7,20 m über alles
Typ der Hauptmaschine:	6 NVD 26 A
Maschinenleistung (PS):	4 x 270
Geschwindigkeit	10,0 Knoten (kn)
Ladefähigkeit:	90 t
Besatzung:	7

Fährschubeinheit Rassow-Libben
(Stromschubschiff Rassow und Fährschubprahm Libben)

Bauwerft:	VEB Yachtwerft Berlin (Libben) Betriebsteil Eisenhüttenstadt	
Baujahr:	1973	1973
BRT:	170,92	140,77
Tragfähigkeit (tdw):	15,11	
Länge:	23,69 m über alles	32,48 m
Breite:	8,19 m über alles	8,19 m
Typ der Hauptmaschine:	2x6 NVD 26 A-3	
Maschinenleistung (PS):	2x390	
Geschwindigkeit:	9,0	
Besatzung:	6	
Platzkapazität gesamt:		48 (54) davon geschützt 48
Anzahl Kfz		6 Lkw

Der Frachter Johanna im Oktober 1980, Foto: Claus Rothe

Das Flaschenbier für Hiddensee wird in Stralsund auf die Hoffnung *verladen.*

Der Frachter Hoffnung *im Fährkanal von Stralsund, Foto: Claus Rothe*

Die Neuendorf vor der Ziegelgrabenbrücke, Foto: Claus Rothe

Fahrplan 1990

Weiße Flotte

VEB Fahrgastschiffahrt
Sitz Stralsund

Der letzte Taschenfahrplan für den VEB „Weiße Flotte" Stralsund 1990, gedruckt 1989 beim VEB Ostseedruck Rostock

Das Flaggschiff der Reederei SEEBAD WARNEMÜNDE *und zwei „Seetiere" warten im Jahr 1993. Was wird nun aus uns?, Foto: Norbert Pilz*

Gründung Weiße Flotte „Ostsee" GmbH, Stralsund

Aus dem VEB Betrieb entsteht 1990 die „Weiße Flotte Ostsee GmbH", Sitz Stralsund und 1995 die Reederei „Hiddensee GmbH" in Vitte.

Die Geschäftsanteile des volkseigenen Betriebes „Weiße Flotte" wurden durch die Treuhand Rostock im März 1991, rückwirkend zum 1. Juli 1990 an die Reederei FRS (Fördereederei Seetouristik GmbH & Co. KG), mit Zusammenschluss der Firmen Förde-Reederei und Reederei Seetouristik in Flensburg) verkauft und sind seit 24. August 1990 „Weiße Flotte Ostsee GmbH". Es wurde ein Betrieb mit 43 Schiffen und 450 Mitarbeitern übernommen. Zwei Drittel der übernommenen Schiffe hatten das Rentenalter schon längst überschritten. Mit Abstand echte Veteranen waren die DEUTSCH SOWJETISCHE FREUNDSCHAFT und DORNBUSCH, beide liefen bereits 1895 vom Stapel. Der „Weißen Flotte" war es nie möglich, ein positives Betriebsergebnis zu erwirtschaften. Das lag an den niedrigen Fahrpreisen, aber auch an den hohen Instandhaltungskosten für die Schiffe der „alten Garde". Für jede selbst erwirtschaftete DDR-Mark erhielt die „Weiße Flotte" eine staatliche Subvention in Höhe von 5,70 M. Das waren in den beiden letzten Jahren vor der Wende stolze ca. 66 Mio. M. Die Schiffe waren zu dieser Zeit an der gesamten DDR Ostseeküste und bis

zu Häfen in Polen im Einsatz. Mit Übernahme des Betriebes durch die Reederei FRS (Förde Reederei Seetouristik) wurden, mithilfe eines Sozialplanes der Mitarbeiterstamm in der Verwaltung von 90 auf 30 Personen, von den restlichen 450 fest angestellten Mitarbeitern in den unterschiedlichsten Gewerken auf 120, plus 80 Saisonkräfte reduziert. Die Saisonkräfte kamen nur in den Sommermonaten zum Einsatz.
Am 27. Juni 1990, genau 14 Uhr machte gegenüber dem ehemaligen Ippen-Kai das 1981 bei HDW in Hamburg gebaute HADAG-Schiff ADOLPH SCHÖNFELDER aus Hamburg fest.

Die Ankunft der ADOLPH SCHÖNFELDER in Stralsund am 27. Juni 1990 um 14.00 Uhr, Foto: Claus Rothe

Die ADOLPH SCHÖNFELDER, Foto: Claus Rothe

Die FRITZ REUTER, *Foto: Weiße Flotte GmbH Stralsund*

Am 2. Juli 1990 war sie zunächst an die „Weiße Flotte“ verchartert worden. Die von der „Weißen Flotte“ Stralsund und der Förde-Reederei, Flensburg beabsichtigte Gründung des Joint Ventures Weiße Flotte Ostsee GmbH wurde von der Treuhand-Anstalt vorerst nicht genehmigt. Zur ersten Fahrt ab Stralsund übergab das neue Schiff am 1. Juli 1990 gegen 17 Uhr die Leinen und verholte nach Wolgast Hafen. Unter dem Kommando von Kapitän Fritz, mit 103 Fahrgästen an Bord lief sie am nächsten Tag zur ersten Fahrt ab Wolgast aus. Erst im Herbst 1990 wurde die Hamburgerin durch die, inzwischen rückwirkend zum 1. Juli 1990 durch die Förde-Reederei Seetouristik GmbH übernommene „Weiße Flotte“ angekauft. Mit der ADOLPH SCHÖNFELDER konnten im Seebetrieb 400 und auf Binnengewässern bis zu 550 Fahrgäste befördert werden. Neben einigen Fahrten nach Hiddensee kam das große Schiff auch für unterschiedliche Hochseefahrten zum Einsatz. Im Jahr 1992 erfolgte die Umbenennung in FRITZ REUTER (weil der Name des niederdeutschen Heimatdichters für die Region Mecklenburg-Vorpommern bedeutungsvoller war). Im Mai 1999 erfolgte der Verkauf an die Adler-Reederei und die Umbenennung in ADLER VINETA. Von 1999 bis 2007 wurde es zu Tagesausflugsfahrten zwischen Heringsdorf und Swinemünde eingesetzt. Anfang 2008 in Peenemünde, auf Usedom aufgelegt erfolgte 2010 eine Überholung. Zwischen Usedom und Swinemünde kam sie dann weiter zum Einsatz. Das zweite neue Schiff, die „OSTSEE“ ex „SUND CLIPPER“ machte am 3. Juli 1990, 19 Uhr am „Ippen-Kai“ fest.

Die OSTSEE nach der Ankunft in Stralsund am 12. Mai 1990, Foto: Claus Rothe

Die erste Probefahrt ab Stralsund startete zwei Tage später. Erster Kapitän war Horst Sahlisch aus Stralsund, der zuvor über längere Zeit die „DSF“ und zuletzt, für kurze Zeit die STRELASUND führte. Seit 1993 gehörte das neue Schiff der MS „Ostsee“ Schiffahrts GmbH & Co. KG mit Sitz in Vitte, bereedert von der Weißen Flotte GmbH Stralsund. Bis zum Verkauf im Jahr 1998 fuhr sie im Liniendienst Stralsund–Hiddensee.

Die MS Ostsee *ex* Sund Clipper *auf See, Foto: Weiße Flotte Stralsund GmbH*

Die MS Ostsee *in Neuendorf, Foto: Michael Segeth*

Im Jahr 1993 wurde die Hiddensee-Flotte durch die 1968 von der Krögerwerft GmbH, Rendsburg gebaute GAARDEN verstärkt und wurde auf der Linie Hiddensee–Schaprode eingesetzt. Im Jahr 1997 erfolgte der Verkauf an die Steinberger Schifffahrtskontor GmbH. Im gleichen Jahr wie die GAARDEN nahm die 1959 auf der Husumer Schiffswerft gebaute GLÜCKSBURG im Hiddensee Fahrwasser ihre Tätigkeit auf. Gekauft von der FRS Chartering GmbH & Co. KG und registriert für die Weiße Flotte GmbH, Hiddensee wurde sie in DORNBUSCH (IV) umbenannt und kam 1994 zum Einsatz zwischen Stralsund, Hiddensee und Rügen. 1998 erfolgte der Verkauf an die Cabo Verde Sailing, Mindelo, Cap Verde und die Umbenennung in EIREENE. Das Schiff machte bis 1999 Rundfahrten ab Mindelo, der zweitgrößten Stadt der Kapverdischen Inseln, auf der Insel São Vicente. Dort wurde sie 1999 aufgelegt und 2006 abgewrackt.

Der Fahrplan der Weißen Flotte GmbH für 1991

Im Jahr 1991 nutzten etwa 150.000 Fahrgäste die Linienangebote der Reederei von Stralsund, Zingst, Schaprode und Wiek zu den Häfen Hiddensees. Im März 1993 war in Vitte der neugebaute Anleger für die Motorfähre VITTE fertiggestellt. Die seit dem 2. April 1974 zwischen Schaprode und Hiddensee (Schwedenhagen) beschäftigte Fährschubeinheit RASSOW-LIBBEN wurde außer Dienst gestellt. Im Jahr 1993 wurden dem Publikum auch zwei Schiffsneubauten für den Hiddensee-Einsatz vorgestellt. Den

Anfang machte am 15. Mai 1993 der Boddenkreuzer SCHAPRODE, gefolgt am 18. Juni vom Boddenkreuzer GELLEN. Im Mai folgten das Taxiboot STÖRTEBEKER und einen Monat später das Taxiboot PIRAT. Im gleichen Jahr erfolgte der Ankauf der ehemaligen GLÜCKSBURG durch die FRS Chartering GmbH & Co. KG, Vitte. In DORNBUSCH umbenannt, für die „Weiße Flotte GmbH Hiddensee" registriert, fuhr es von 1994 bis 1998 im Hiddenseeverkehr. Seit 1995 verfügte die Insel Hiddensee mit der Reederei Hiddensee GmbH, wieder über eine eigene Reederei. Mit der Aufgabe der Tochtergesellschaft der Weißen Flotte GmbH Stralsund wurde die Sicherstellung der ganzjährigen Linien, Fähr-, Übersetz- und Ausflugsverkehr von und nach Hiddensee gewährleistet.

Auf der WBG Werft Berlin GmbH wurde am 15. Juni 1995 das Motorschiff INSEL HIDDENSEE (II) abgeliefert. Für die Mitarbeiter der ehemaligen Yachtwerft Berlin-Köpenick war es seit der Privatisierung 1992 der achte Schiffsneubau. Als Eigner der MS INSEL HIDDENSEE war die Schifffahrtsgesellschaft mbH & Co. KG eingetragen und die Reederei Hiddensee GmbH als Charterer des neuen Fahrgastschiffes. Ein weiterer Neubau, das Motorschiff ALTEFÄHR (II), erweiterte seit dem 1. Mai 1996 den Bestand der „Weißen Flotte GmbH", Stralsund. Der Linienverkehr zwischen Stralsund und Hiddensee wurde mit modernen Schiffsneubauten verstärkt. Unter der Baunummer 2607 übergab die Oderwerft Eisenhüttenstadt am 16. Juli 1996 das Motorschiff HANSESTADT STRALSUND. Taufpatin war Frau Angela Merkel, zu dieser Zeit noch Bundesumweltministerin.

Fast alle der alten „Weiße Flotte" Schiffe sind inzwischen verschwunden. Sie fanden neue Käufer, wurden umbenannt, in anderen Fahrtgebieten beschäftigt oder lagen für längere Zeit auf.
Die RECKNITZ ging nach Rostock an Schütt, die WARNOW an Firma R. Möller nach Warnemünde. Nach einem Umbau in der Schiffswerft Barth, hier erhielt es ein absenkbares Ruderhaus, machte es umbenannt in MECKLENBURG am 16. April 1992 in Röbel an der Müritz fest. Neuer Eigentümer wurde hier die Müritz-Fahrgastschiffahrt GmbH mit Sitz in Röbel. Aus der BREITLING wurde das dritte Schiff mit dem Namen HEIDI (III). Als neuer Eigner zeichnete ab September 1991 Wolfgang Rasche aus Born (Darß). Zum Einsatz kam das Schiff für Boddenfahrten ab Prerow. Diese genannten drei Schiffe vom Typ III, gebaut in der ehemaligen VEB Yachtwerft Berlin, sollen nur als Beispiel dienen, ihr Einsatzgebiet war hauptsächlich das Rostocker Revier und nicht Rügen oder Hiddensee.

Die alte DORNBUSCH (I) ex GARZ verrottete im Nordhafen von Peenemünde auf Usedom und aus der ELDENA wurde das Gaststättenschiff STURMVOGEL des Ehepaars Renner in Freest. Seit 2008 liegt die INSEL HIDDENSEE unter dem Namen HIDDENSEE für eine Filmproduktionsgesellschaft im Hamburger Reiherstieg auf. Der Eigentümer pflegt das Schiff, sodass es im Juni 2019 noch einen guten Eindruck machte. Die SEEBAD WUSTROW wurde 1994 nach Hiddensee überführt und diente in Vitte festgemacht als schwimmende Jugendbegegnungsstätte CAPRIVI 93. Seit 2001 wurde die CAPRIVI 93 als Gaststätte und Hotelschiff genutzt. Am 25. November 2010 sank das Schiff an ihrem Liegeplatz (Foto von 2018). In den Ausgaben der Ostsee Zeitung für den 23. und 30. November 2019 konnte man folgende Meldung lesen: „Wrack am Vitter Ufer wird jetzt geborgen. Ein trauriges Wahrzeichen der Insel Hiddensee verschwindet endlich". Das Wrack sollte vor Ort in Sektionen zerlegt werden und die einzelnen Teile danach nach Stralsund verschifft und dort verschrottet werden.

Auch die beiden in Moskau gebauten Fahrgastschiffe fanden inzwischen, weit entfernt vom alten Einsatzgebiet, neue Häfen. Die RIBNITZ-DAMGARTEN kam, in LILY umbenannt, etwa ab 2001 im Bereich Turku wieder in Fahrt und die STADT WISMAR in Irland als SUGO BAY.

Aus der SEEBAD BINZ wurde 1994 die CORI in Hamburg. Dort war das Schiff leider nur als Auflieger an verschiedenen Liegeplätzen. Ende 2010 erfolgte der Verkauf an Herrn Franco Bouvard nach Belgien und 2011 verließ die CORI Hamburg, wieder als SEEBAD BINZ mit Niel als Heimathafen. Der neue Eigner beabsichtigt das Schiff in seinen ursprünglichen Zustand zurückzubauen und in Belgien zum Einsatz zu bringen. Auch die SEEBAD ZINGST lag Anfang der 1990er Jahre in Stralsund auf, wurde dann zum Jugendschiff KLAUS STÖRTEBEKER umfunktioniert und lief ab 2007 unter niederländischer Flagge, wieder als Fahrgastschiff umbenannt in BE-SCHUITTJE, Heimathafen Utrecht. Ab 2011 befand sich das Schiff in Ijmuiden.

Nach dem Verkauf der GELLEN, im Juli 1991 kam das Schiff, umbenannt in SABINE, ab Kuhle und Dranske (Rügen) zum Einsatz. Als Eigner war Willi Stengel aus Dranske eingetragen. In TRITON I umbenannt war es ab 1993 für die Triton-Reederei Ralswieck (Rügen) in Fahrt. Nach einem nochmaligen Eignerwechsel gelangte das Schiff nach Hamburg und lag dort ohne Namen auf. *(Im Jahr 2012 erfolgte die Überführung nach Berlin und der geplante Umbau zum Wohnschiff HEART OF BERLIN *(Info: ddr-binnenschifffahrt.de).

Die ehemalige DEUTSCH SOWJETISCHE FREUNDSCHAFT kann Geschichten schreiben. Bis zu ihrer Verschrottung 2016 in Papenburg beherbergte sie als Freundschaft eine Segelschule auf Norderney. In den Wintermonaten befand sich der Liegeplatz im Emdener Ratsdelft. Die Seebad Warnemünde lag zuletzt als Atlantic Princess im Hafen von La Romana, in der Dominikanischen Republik. Im Mai 2009 ist es unweit dieses Hafens gesunken und wurde Objekt für Wracktaucher. Die Nautilus wurde Fischbratküche in Travemünde, die Schiffe Stubnitz und Breege liefen ab Greifswald und Wieck für die Sund- und Boddenreederei von H. J. Jauernig, das ehemalige Fährschiff Der Stralsunder ist heute ab Wolgast im Einsatz.

Das Wrack der Caprivi in Vitte im Jahr 2018, Foto: Claus Rothe

Die Stubnitz vor der historischen hölzernen Klappbrücke in Greifswald Wieck am 27. August 2006, Foto: Claus Rothe

Die Sturmvogel ex Eldena als schwimmende Gaststätte in Freest 2001, Foto: Claus Rothe

Die Cori ex Seebad Binz in Hamburg Harburg 2002, Foto: Claus Rothe

Die Sugo Bay ex Stadt Wismar in Dublin, Nordirland im August 1998, Foto: Heino Sehlmann

Die Lily ex Ribnitz-Damgarten in Turu, Finland, Foto: Heino Sehlmann

Die Insel Hiddensee umbenannt in Hiddensee im Reiherstieg Hamburg 2019, Foto: Claus Rothe

Die ehemalige Deutsch Sowjetische Freundschaft als Segelschule Freundschaft in Emden am 08. Oktober 1994, Foto: Eilhart Buttkus

Die DORNBUSCH (I) als Auflieger im Nordhafen von Peenemünde 2000, Foto: Alexander Jenak

Gründung der Reederei Kipp, Breege 1991

Im Jahr 1991 wurde in Breege die Reederei Kipp gegründet. Neben Saisonfahrten zu den Störtebeker-Festspielen nach Ralswiek, Ausflugs-, Erlebnis- oder Kranichfahrten entwickelte sich in den Sommermonaten der Liniendienst von Breege nach Hiddensee zum Hauptgeschäft. Im Gründungsjahr charterte die Reederei das 1967 in Dienst gestellte Ausflugsschiff DYBBOL. Am 13. April 1992 kaufte die Reederei Kipp das ehemalige Stralsunder Seebäderschiff SEEBAD AHLBECK von der „Weißen Flotte" GmbH Stralsund und beschäftigte es, umbenannt in WAPPEN VON BREEGE (I), im Ausflugsverkehr nach Hiddensee. Das bereits 1957 vom Stapel gelassene Schiff wurde im November 1996 durch die 1966 in Gdansk gebaute ALTWARP ex DOROTA ersetzt und auch unter dem Namen WAPPEN VON BREEGE (II) eingesetzt. Aus der ehemaligen SEEBAD AHLBECK und späteren „Wappen von Breege" (I) wurde die KÄPT'N HOOK.

Die Dybbol*, 25 August 1994, Foto: Eilhart Buttkus*

Die Wappen v. Breege *(I) 1992, Foto: Dr. Achim Borchert*

Von rechts die Gaarden*, die* Wappen v. Breege *(I) und die* Sundevit *(II) in Vitte, Foto: Michael Segeth*

Die Wappen von Breege *(II) ex* Altwarp*, Foto: Hans-Joachim Reinecke*

Die Adler *(III), 22. Februar 1995, Foto: Norbert Pilz*

Die SEEBAD JULIUSRUH ex SCHULAU, Foto: Heino Sehlmann

Die KLEINE FREIHEIT 2019 bei Blankenese, Foto: Claus Rothe

Die WAPPEN VON BREEGE *(III) bei Ankunft in Breege am 7. Juni 2018, Foto: Claus Rothe*

Schiffsglocke der WAPPEN VON BREEGE *(III) 2018*

Die ehemalige Wappen von Breege *(I) ex* Seebad Ahlbeck *als Gaststättenschiff* Käpt'n Hook *an der Blücherbrücke in Kiel 2002, Foto: Günter Dame*

Im Jahr 1999 charterte die Reederei Kipp die Adler III. Neben Boddenrund-; Abendfahrten und der neu eingerichteten Linie zu den Störtebeker Festspielen nach Ralswiek, kam auch dieses Schiff vorwiegend im Verkehr nach Hiddensee zum Einsatz. Im Dezember 2000 erreichte, nach einem größeren Umbau in Hamburg, das zweite eigene Schiff der Reederei Kipp den Hafen Breege. Es handelte sich um die 1992 auf der Menzer-Schiffbauwerft, Geesthacht erbaute Schulau, die als Personenfähre auf der Linie Lühe–Schulau eingesetzt war. Umbenannt in Seebad Juliusruh erledigte es die altbekannten Dienste der Reederei. Im April 2017 kam das Schiff als Kleine Freiheit für die FRS Hanse Ferry, zwischen Hamburg Landungsbrücken; Blankenese und für große Hafenrundfahrten zum Einsatz. Sie ist in das Einsatzgebiet zurückgekehrt, für das sie ursprünglich gebaut wurde.

Unter der Flagge der Reederei Kipp wurde 2005 ein drittes Schiff, Wappen von Breege (III) in Dienst gestellt. Gebaut wurde es bei der Schiffbau- und Entwicklungsgesellschaft Tangermünde mbH & Co KG in Sachsen-Anhalt. Es verfügt über eine Platzkapazität für 400 Fahrgäste (zwei Salons, mit Panoramablick). Auf dem Sonnendeck befinden sich ca. 150 Plätze. Das Schiff ist 40,48 m lang und 8,90 m breit. Die Norddeutsche Binnenreederei GmbH, 100-prozentige Tochter der Förderreederei Seetouristik GmbH übernahm die Reederei Kipp zum 1. Januar 2016. Als eine Unternehmensschwester gehört sie rein rechtlich nicht zur „Weißen Flotte", aber das operative Geschäft wird von dort gesteuert. Das Einsatzgebiet des Schiffes blieb unverändert.

Eine Auswahl Schiffe aus dem Raum Fischland–Darß–Zingst

Motorschiff SUNDEVIT (II)

Die SUNDEVIT (II) verlässt Vitte am 3. September 2005, Foto: Claus Rothe

Reederei:	Gebr. Oswald, Zingst
Bauwerft:	Deutsche Binnenwerften GmbH Berlin (DBW Berlin)
Baujahr:	1992
BRT:	110
Länge:	31,95 m (ab 1996)
Breite:	6,20 m
Tiefgang:	1,20 m
Maschinenleistung:	340 PS
Geschwindigkeit:	11 Knoten
Fahrgäste:	maximal 300

Die SUNDEVIT (II) lief im Juli 1992 als drittes Schiff mit dem Namen KÄPP'N BRASS für das Warnemünde Unternehmen von Rainer Möller vom Stapel. In der Schiffswerft Malz bei Oranienburg erfolgte 1995 eine Verlängerung um 7,00 m. Als SUNDEVIT setzte die Reederei der Gebrüder Oswald das Schiff anschließend im Verkehr von Zingst nach Vitte oder Stralsund und im Charterverkehr für die „Weiße Flotte" Stralsund auf der Linie Lauterbach-Baabe ein.

Motorschiff Ahrenshoop

Die Ahrenshoop, Foto: Bernd Goltings

Reederei:	Rasche, Born /Darß
Bauwerft:	Deutsche Binnenwerften GmbH Berlin (DBW Berlin)
Baujahr:	1999
BRT:	110
Länge:	24,20 m
Breite:	5,30 m
Tiefgang:	0,90 m
Maschinenleistung:	253 PS
Geschwindigkeit:	11 Knoten
Fahrgäste:	maximal 120

Die Ahrenshoop war der zweite Schiffsneubau der Reederei Rasche aus Born. Das Traditionsunternehmen setzte das Schiff auf den Boddengewässern der Region und auch nach Hiddensee ein. Das Schiff wechselte 2003 nach Speyer zum dortigen Sealife Aquarium. Es ist als Sealife auf dem Rhein im Einsatz.

Motorschiff Sundevit (I)

Die Sundevit (I) am 19. Mai 1995, Foto: Eilhart Buttkus

Reederei:	Gebr. Oswald, Zingst
Bauwerft:	Kröger-Werft, Rendsburg
Baujahr:	1959
BRT:	137
Länge:	33,58 m
Breite:	6,52 m
Tiefgang:	1,68 m
Maschinenleistung:	200 PS
Geschwindigkeit:	11 Kn.
Fahrgäste:	maximal 250

Der für das Gebiet typische Fördebus namens Schilksee gehörte anfangs zur Kieler Verkehrs AG und später der Flensburger Reederei Hansa-Tours GmbH. Bis 1995 war die erste Sundevit als Charterschiff für die Zingster Reederei Oswald im Einsatz. Nach dem Konkurs der Flensburger Reederei 1996 zeichnete das Fahrgastschiffunternehmen Hanse Reederei Uwe Melzer als Eigner. Im Zeitraum von 1999 bis 2000 befand sich das Schiff, umbenannt in Phönix im Liniendienst zwischen Barth und Zingst.

Motorschiff Ostseebad Zingst

Die Ostseebad Zingst in Barth am 1. Juli 2009, Foto: Ralf Gierke

Reederei:	Poschke, Born/Darß
Bauwerft:	Deutsche Binnenwerften GmbH Berlin (DBW Berlin)
Baujahr:	1995
Raumgehalt:	122 m3
Länge:	26,10 m
Breite:	6,40 m
Tiefgang:	1,30 m
Maschinenleistung:	345 PS
Geschwindigkeit:	11 Kn.
Fahrgäste:	maximal 250

Das Motorschiff lief bis 2006 für das Warnemünder Unternehmen Rainer Möller als Min Herzing im Fahrtgebiet Warnemünde/Rostock. Die Reederei Poschke aus Born kaufte das Schiff 2006 und es erhielt den Namen Ostseebad Zingst. Das neue Fahrtgebiet wurde nun der Fährverkehr zwischen dem Seeheilbad Zingst und Barth und von Zingst zur Insel Hiddensee.

Motorschiff Schaprode (II)

Die Schaprode (II) verlässt Stralsund am 4. Mai 1995, Foto: Claus Rothe

Reederei:	Reederei Zingst, eine Linie der Norddeutschen Binnenreederei GmbH
Bauwerft:	WBG Werft Berlin GmbH / Volkswerft Stralsund
Baujahr:	1993 / 2000
Länge:	39,60 m
Breite:	7,60 m
Tiefgang:	1,25 m
Maschinenleistung:	2 x 347 kw
Geschwindigkeit:	12 Kn.
Fahrgäste:	maximal 366

Die Schaprode (II) wurde in der Volkswerft Stralsund im Jahr 2000 von 31,56 m auf 39,60 m verlängert. Beschäftigt wurde das Schiff im Verkehr ab Ostseeheilbad Zingst nach Stralsund und zur Insel Hiddensee

(Quelle: Verkehrsgeschichte der Halbinsel Fischland-Darß-Zingst, Band III, Bernd Goltings, Darß Verlag, Prerow)

Fracht- und Passagierdampfer STEPHAN

Der Dampfer STEPHAN *in Zingst 1911, Ansichtskarte Sammlung Bernd Goltings*

Reederei:	Wyker Dampfschiffahrts-Gesellschaft, Wyk/Föhr
Bauwerft:	Kieler Howaldtswerke (Georg Howaldt in Dietrichsdorf/Kiel)
Baujahr:	1886 (Baunummer 149)
Raumgehalt:	51,21 BRT
Länge:	22,24 m
Breite:	4,62 m
Tiefgang:	1,87 m
Maschinenleistung:	85 PS
Geschwindigkeit:	keine Angaben
Fahrgäste:	maximal 250 + 3 Mann Besatzung

Dieser Fracht-, Post- und Passagierdampfer, benannt nach dem damaligen Königlich Preußischen Postrath Heinrich von Stephan ist sozusagen ein Sonderfall in den Schiffstypenbeschreibungen. Nicht so sehr bekannt, aber mit einer wechselvollen Geschichte. In Dietrichsdorf/Kiel 1886 fertiggestellt war der erste Heimathafen Wyk auf der Nordseeinsel Föhr. Bereits 1899 gelangte der Dampfer nach Barth, zur Reederei J. J.Wallis & Sohn und anschließend an die Barther Dampfer-Compagnie (Otto

Bruhn). Diesem Unternehmen gehörten auch die Dampfer DARSS und BARTH. Viel wurde über den Einsatz des kleinen Schiffes nicht berichtet. In der Ausgabe einer Rügener Zeitung vom 22. Juni 1909 informiert ein Artikel über die Reise einer Schulklasse von Barth nach Hiddensee:

„Hiddensee, 18. Juni.

Sehr angenehme Fahrt hatte der Dampfer „Stephan“ von Barth nach hier, auf dem die dortige Mädchenstadtschule ihren Sommerausflug machte. Die Stralsundische Zeitung schreibt: Es hatte sich im Laufe des Vormittags ein ungemein dichter Nebel eingestellt, so daß der Schiffsführer sich veranlaßt sah, während der Fahrt die Anker fallen zu lassen, um in den immerhin schwierigen Fahrwasser ein Auflaufen zu vermeiden. Der Nebel war von solcher Dichtigkeit, daß die beim Leuchtturm befindlichen, beiden Signalkanonen in Tätikeit traten. Es muß auch noch außerdem auf ein in dem in der Nähe des Klosterbollwerkes belegenen Fahrwasser vorhandenes und unter Umständen sehr gefährliche Folgen für die dort passierenden Dampfer und sonstigen Fahrzeuge mit sich bringendes Hindernis in Form eines großen Felsblocks hingewiesen werden, dessen Beseitigung dringend notwendig ist. Es haben sich dort schon verschiedene Dampfer, besonders bei niedrigem Wasserstand, ihre Flügelschrauben abgeschlagen und sonst an dem Schiffskörper erheblichen Schaden gelitten.“ (Unveränderter Originaltext)

Der Dampfer STEPHAN gestrandet vor Devin am 16. September 1916

Kapitän Franz Behrendt aus Wusse (Halbinsel Ummanz), zeichnete ab 1911 als neuer Eigner des Dampfers STEPHAN, der ihn zwischen Ummanz und Stralsund in Fahrt brachte. Franz Behrendt ist 1915 in Flandern gefallen. In der Zeitschrift „Schiffbau" Nr. 10 vom 23. Februar 1916 befindet sich die Notiz, wonach der Dampfer am 24. Februar 1916 vor dem Kgl. Amtsgericht in Bergen (Rügen) meistbietend verkauft werden soll. Am 10. September 1916 strandete der Dampfer auf der Höhe von Devin bei Steinort. Auf dem abgebildeten Foto ist ein schriftlicher Hinweis „Opa war nicht an Bord". Ein Herr Jarling war in dieser Zeit als Kapitän für den Dampfer eingetragen. Ab 1917 war das Schiff für A. Behrend aus Stralsund registriert. Im Register des Germanischen Lloyd wird der Dampfer STEPHAN letztmalig 1923 erwähnt.

Spezialschiff SWANTI, *wird auch als Eisbrecher für die Fährverbindungen nach Hiddensee eingesetzt. Foto: Claus Rothe*

Der Autor dankt folgenden Personen und Institutionen

In erster Linie bedanke ich mich bei meiner lieben Frau Dagmar, die mit viel Geduld, Ausdauer und Liebe dieses Buch unterstützte. Es war nicht immer leicht mit mir!

Weiterer Dank gilt:

Ralf Gierke, Graal-Müritz — Michael Segeth, Warnemünde — Bernd Goltings, Prerow — Alexander Jenak, Wolgast-Buddenhagen — Henry Albrecht, Neuwied — Heinz Zimmermann, Stralsund — Ulrich Stein, Uelzen — Heino Sehlmann, Hamburg — Martijn Nekkers, Utrecht — Peter Kieschnick, Kramerhof — Jana Leistner, Insel Hiddensee — Uwe Grünberg, Rostock — Norbert Pilz, Kronshagen — Eilhart Buttkus, Emmerthal — Manfred Bluhm, Berlin — Jörg Schäfer, Rüdersdorf — Wilhelm Beulke, Braunschweig — Günter Dame, Wismar — Hans-Joachim Hinsche, Stralsund — Bernd Schwarz, Halle — Carsten Steinhorst, Wiesbaden — Christa Paugels, Stralsund — Bruno Wellsand, Stralsund — Hugo Radetzky, Stralsund — Herr Detlev Düwel Vertriebsleiter der Weißen Flotte GmbH, Stralsund

Herrn Bruno Blüggel von der Universitätsbibliothek der Universität Greifswald (Bis 2018 Ernst-Moritz-Arndt Universität)

Herrn Dr. Dirk Schleinert vom Amt für Kultur, Welterbe und Medien, Stadtarchiv, Stralsund, Dem Kulturhistorischen Museum Stralsund, Frau Renate Boliniua von der Aktiengesellschaft Reederei Norden-Frisia, Norderney, Frau Bettina Erlenkamp von der Deutschen Fotothek, Dresden, Herrn Marten Klose von der Emder Zeitung

und meiner Enkelin Susanne aus Stralsund für ihre Hiddensee- und Rügenfotos

Verwendete Abkürzungen und Erläuterungen

Korrespondentreeder:
Schiffsdirektor, Schiffsdisponent. Für den Betrieb einer Reederei (Reeder) kann durch Mehrheitsbeschluss der Mitreeder ein K. bestellt werden, der im Verhältnis zu Dritten für alle Geschäfte und Rechtshandlungen (einschließlich der Prozessführung), die bei einer Reederei üblicherweise anfallen, vertretungsberechtigt ist. §§ 492 ff. HGB.

preußische Normallast:	1 Preuß. Normallast = 1,47 tdw (Tragfähigkeit)
Meile:	1 englische Meile = 1523,99 m
Compound	Zweifach-Expansions-Dampfmaschine
III-Exp.	Dreifach-Expansions-Dampfmaschine
BRT:	Bruttoregistertonnen (1 BRT = 2,83 m 3)
kn:	Knoten (1 Knoten = 1,852 km/h) (Angaben in Dienstgeschwindigkeit)
PS:	Leistung in PS (1 PS = 0,986 HP = 0,736 kW)
DSU:	Deutsche Schiffahrts- und Umschlagsbetriebszentrale
Ippen-Schuppen und Kai:	Ehemaliger Lagerschuppen und Kai der Ippen-Linie Reederei AG
Libben:	Eine 20 km^2 große Bucht zwischen den Inseln Hiddensee und Rügen
Ballastkiste:	verlängerte Fährbrücke im Hafen Stralsund, nach der Steinklappe
Gellenfahrwasser:	*Fahrwasser in der Ostsee westlich der namensgebenden Halbinsel Gellen der Insel Hiddensee und stellt die nordwestliche Zufahrt zu den Häfen von Stralsund und zum Strelasund dar. Darüber hinaus ist er die hauptsächliche Verbindung der Darß-Zingster Boddengewässer mit der Ostsee. * (Quelle: Wikipedia)

Quellenverzeichnis / Literaturverzeichnis

- Stein, Christ. Gottfr.: Reise nach Berlin, Rügen, den Hansestädten, Ostfriesland und Hanover, J.C. Hinrichschse Buchhandlung, Leipzig 1827
- Stephan, Heinrich (Königlich Preußischer Post-Rat): Geschichte der preußischen Post von ihrem Ursprung bis auf die Gegenwart: Unveränderter Nachdruck der Ausgabe Berlin 1859, 1. Auflage. Berlin: Transpress, o. O. 1987
- Wegner, Georg: Deutsche Ostseeküste, Monographie zur Erdkunde, Verlag Velhagen & Klasing, Bielefeld und Leipzig 1900
- Szymanski, Hans: Die alte Dampfschiffahrt in Niedersachsen und in den angrenzenden Gebieten von 1817 bis 1867, Wirtschaftswissenschaftliche Gesellschaft zum Studium Niedersachsens e. V., Hannover 1958
- Gardun, Ernst: Hiddensee, ein Heimatbuch Verlag von Leon Gauniers Buchhandlung, Stettin 1924
- Reher, Franz Ludwig: Das Wunder des Fliegens, Ein Buch von Fliegen und Flugzeugen Curt Pechstein Verlag München, München, 1936
- Auerbach, Horst: Preussens Weg zur See-Pommern, die Wiege der Königlich-Preußischen Marine, Brandenburgisches Verlagshaus, Berlin 1995
- Auerbach, Horst: Die Seepostlinie Vorpommern – Schweden Post- und Telekommunikatiosgeschichte
- Gröner, Erich: Die deutschen Kriegsschiffe 1815 – 1945, Band 1 bis 8/2 / Fortgeführt von Dieter Jung und Martin Maass, Bernard & Graefe Verlag, Bonn, 1993
- Segebrecht, Fr. Wilhelm (Lehrer in Vitte): Die Insel Hiddensee, Selbstverlag, o. O. 1912
- Dr. Werner Bohse: Der Hafen Stralsund. Eine verkehrsstatistische Untersuchung der Jahre 1933 und 1934, Verlag Alfred Waberg, Grimmen in Pommern 1936
- Lange, Heinz: Rostocker Fahrgastschiffahrt von 1834 bis 2003, Ingo Koch Verlag, Rostock 2003
- Busch, Peter und Stahl Joachim: Neptun-Schiffe / Schiffsregister der Neptunwerft von 1850 bis 1991, Schriften des Schiffahrtsmuseum der Hansestadt Rostock, Band 4, Rostock 1998
- Jenak, Alexander, Scherer Franz: Anklamer Schiffe des 18. Und 19. Jahrhunderts, Verlag Steffen, Anklam, 2004
- Thomas, Saskia: Hiddensee Na Fabelhaft, Über Fotolust und Lebenskunst der Inselfotografin Ilse Ebel, Demmler Verlag Schwerin 2006

- Rudolph, Wolfgang: Stralsund die Stadt am Sund, Carl Hinstorff Verlag Rostock, Rostock 1955
- Rudolph, Wolfgang: Die Insel Rügen, Carl Hinstorff Verlag, Rostock 1954
- Rudolph, Wolfgang: Segelboote der deutschen Ostseeküste, Akademie-Verlag, Berlin 1969
- Rudolph, Wolfgang: Die Insel der Schiffer, Zeugnisse und Erinnerungen von rügischer Schiffahrt. Von Beginn der Entwicklung bis 1945, Photomechanischer Nachdruck der Ausgabe von 1962, Hinstorff Verlag GmbH, Rostock 2000
- Rudolph, Wolfgang: Stralsund Die Stadt am Sund, Carl Hinstorff Verlag, Rostock 1955
- Rudolph, Wolfgang: Die Insel Rügen. Ein Heimatbuch von Wolfgang Rudolph, Carl Hinstorff Verlag, Rostock 1954
- Junge, Frank W, Junge, Christof, Junge, Gertraud: Hiddensee im Wandel eines halben Jahrhunderts – eine kommentierte Fotodokumentation, Eigenverlag, Leipzig 2008
- Peesch, Reinhard: Die Fischerkommünen auf Rügen und Hiddensee, Akademie-Verlag, Berlin 1961
- Goltings, Bernd: Wasserwege über Strom und Bodden-Verkehrsgeschichte der Halbinsel Fischland–Darß–Zingst Band III, Darß Verlag, Prerow 2014
- Brömel Hans Joachim, Hege Fritz: Hiddensee, Petermänken-Verlag, Schwerin 1961
- Bock, Bruno: Grüne Blaus Schwarze Weisse Dampfer, Die Geschichte der Kieler Fördeschiffahrt, Koehlers Verlagsgesellschaft mbH, Herford 1978
- Gustavs, Arnold: Hiddensee, Aufzeichnungen eines Inselpastors, Neu herausgegeben von Arne Gustavs, Evangelische Verlagsanstalt GmbH, Berlin 1980
- Gustavs, Arnold: Gerhart Hauptmann und Hiddensee. Kleine Erinnerungen, Petermänken-Verlag Schwerin, 1964
- Rothe, Claus: Deutsche Seebäderschiffe 1830 bis 1939, VEB Verlag für Verkehrswesen, Berlin 1989
- Rothe, Claus: „Weiße Flotte“ VEB Fahrgastschiffahrt – Sitz Stralsund, Chronik einer deutschen Reederei 1957–1990, ELBE – SPREE – Verlag Hamburg und Berlin, Berlin 1994
- Rothe, Claus: Der Seitenraddampfer „Stralsund“ 1841–1859, Heft 2 der Edition Navalis, Elbe-Spree-Verlag, Berlin 1995

- Rothe, Claus: Postschiffe zwischen Stralsund und Schweden, „Poseidon" 1/1989
- Rothe, Claus: Mit der Eisenbahnfähre über den Strelasund, Geschichte der Eisenbahntrajekte, Zeitungsserie Norddeutsche Neueste Nachrichten 1982
- Krentzien, Wulf: Sassnitz Trelleborg 1897–1997 hin & zurück / tur & returR, Rügendruck und Verlag GmbH, Putbus o. J.
- Krentzien, Wulf: Position Südliche Ostsee, Schiffsreisen, Havarien, Kuriositäten 1650 – 1990 Sutton Verlag GmbH, Erfurt 2011
- Wulle, Armin: Der Stettiner Vulcan. Ein Kapitel deutscher Schiffbaugeschichte, Koehlers Verlagsgesellschaft mbH, Herford 1989
- Gloede, Günter: Kirchen im Küstenwind, Kirchen auf Rügen und Hiddensee Band III, Evangelische Verlagsanstalt GmbH Berlin, Berlin 1982
- Wiberg, Bertil: Bistum Roskilde und Rügen, Roskilde Stiftsblad, 1987
- Müller, Wolfgang: Sassnitzer Dampfschiffsgesellschaft G.m.b.H. 1901 – 1953, Verlags- & Werbeagantur Toralf Müller, Martenshagen 2005
- Pittelkow Kurt, Schmelzkopf Reinhart: Heimathafen Stettin (Strandgut), Die Geschichte des Stettiner Hafens, seiner Reedereien und seiner maschinengetriebenen Schiffe 1815–1945, Eine Strandgut – Publikation, Cuxhaven 1987
- Wulle, Armin: Der Stettiner Vulcan, Ein Kapitel deutscher Schiffbaugeschichte. Koehlers Verlagsgesellschaft mbH, Herford 1989
- Detlefsen, Gert Uwe: Häfen Werften Schiffe, Chronik der Schiffahrt an der Westküste Schleswig-Holsteins, Verlag H. Lühr & Dircks, St. Peter-Ording 1987
- Detlefsen, Gert Uwe: Wyker Dampfschiffs-Reederei Föhr-Amrum GmbH, Chronik einer Inselreederei, Verlag Gert Uwe Detlefsen, Bad Segeberg und Wyker Dampfschiffs-Reederei Föhr-Amrum GmbH, 1993
- Detlefsen, Gert Uwe: Flensburger Fördeschiffe, Koehlers Verlagsgesellschaft mbH, Herford 1977
- Kosegarten, G.L. Th: Briefe eines Schiffbrüchigen, Neu herausgegeben und kommentiert von Katharina Coblenz, Edition Temme, Bremen 2010
- Ettenburg, Alexander: Die Insel Hiddensee bei Rügen – das Ostseebad der Zukunft und das westliche Rügen, Selbstverlag des Verfassers, Vitte 1912
- Seydel, Renate: Hiddensee Geschichten von Land und Leuten, Econ Ullstein List Verlag GmbH & Co. KG, München 2000

- Farin André, Nehmzow Regina, Neumerkel Andreas: Rügen und Hiddensee 1860–1945 ein photographischer Streifzug, Edition Temmen, Rostock 1999
- Greifswald – Stralsunder Jahrbuch, Band 1 1961, Herausgegeben von dem Kulturhistorischen Museum Stralsund, dem Stadtarchiv Stralsund, dem Landesarchiv Greifswald, dem Museum der Stadt Greifswald und dem Stadtarchiv Greifswald, Petermänken-Verlag, Schwerin 1961
- Schwarz, Bernd: Binnenschiffe zwischen Ostpreussen und Schlesien, Versuch eines historischen Verzeichnisses maschinengetriebener deutscher Binnenschiffe bis 1945, Strandgut-Verlag, Cuxhaven 2016
- Bluhm, Manfred: Die Personenschifffahrt auf den Rüdersdorfer Gewässern, Selbstverlag, Berlin 2013
- Gebrüder Sachsenberg Gesellschaft mbH Rosslau a.d. Elbe, Faksimile – Druck der Ausgabe Rosslau a.d. Elbe 1900 Verlag Walter F.E. Andreas, Hamburg 1992
- Schmelzkopf, Reinhart: Strandgut 33, Materialien zur Schiffahrtsgeschichte, Cuxhaven 1994
- Lemaire, W. C.: Onze Koninklijke Marine 2, o. O. 1965
- Scherer, Franz: Zur Geschichte der Greifswalder Dampfschiffahrt von den Anfängen bis 1918, Universitätsbibliothek Greifswald (585 NZ 30431-75/78)
- Amts-Blatt des Königlichen Post-Departements 1846 (Dampfschiffe)
- Naumann, Dieter: „Das Blättchen“ 19. Jahrgang, Nr. 13 Juni 2016, Wiek auf Rügen – von der Flugstation zum Kinderheim
- Heimat-Jahrbuch 1937 für Stralsund, Franzburg-Barth, Oberfischmeister Dr. Rumphorst: Die Fischerei im Kreise Franzburg-Barth und im Stadtkreis Stralsund
- Schröder, Wilhelm: Nach Schweden „via Stralsund“
- Dr. Ing Jürgen Hausen, Heinz Zimmermann: Über 100 Jahre Eisenbahnfährschiffbau, Schichau Seebeckwerft AG, Bremerhaven 1991
- Internet: Uwe, Grünberg: www.Braune-Segel.de
- Chronik der Genossenschafts-Reederei Hiddensee, (ohne Signatur) aufgeschrieben vermutlich von Herrn Horst Berg um 1960)

Alle im Buch verwendeten Anzeigen ohne besonderen Hinweis sind elektronische Reproduktionen aus der Stralsundischen Zeitung, Stralsund – Struck, 1840–1923. Freundlichst zur Verfügung gestellt von der Universitätsbibliothek der Universität Greifswald.

Verzeichnis der Schiffsnamen

Art.	Schiffsname	ex / Schiffstyp	ehemaliger Name	Seite
Der	Adler			S. 11ff
	Adler III			S. 223, 226
	Ahrenshoop			S. 228
	Alfred			S. 183f
	Altefähr	(Trajekt)		S. 26f
	Altefähr (I)			S. 192ff
	Altefähr (II)			S. 215
	Altefähr 2			S. 36
	Altwarp			S. 173ff, 197
	Anna			S. 108, 128f
	Antonie			S. 61
	Arkona			S. 191, 196
	Atlantic Princess			S. 217
	August			S. 128ff
	Belt BBB			S. 153
	Bergen	ex	Jaspar von Maltzahn	S. 38ff
	Bergen	(Trajekt)		S. 26
	Berta			S. 61
	Be-Schuittje			S. 216
	Breege			S. 192ff
	Caprivi			S. 60ff, S. 99ff
	Caprivi 93			S. 216
	Constitution			S. 9ff
	Cori			S. 216
	Delphin			S. 9
	Deutschland			S. 90ff
	Deutsch-Sowjetische Freundschaft	„DSF“		S. 6, 80, 192ff
Der	Donner			S. 51ff
	Dornbusch (I)	ex	Garz	S. 184ff, 216ff
	Dornbusch (II)			S. 187ff
	Dornbusch (III)			S. 79, 146ff
	Dornbusch (IV)	ex	Glücksburg	S. 214f
	Dybbol			S. 221
	Einheit	ex	Metz	S. 186
	Eldena			S. 192ff
	Enddorn			S. 187f, 196ff
	Esbjerg			S. 73
	Falke	ex	Ditmarsia	S. 88, 95ff
	Flunder			S. 190, 198
	Fritz Heckert			S. 31, 200
	Fritz Reuter			S. 121
	Fritz Reuter	ex	Adolph Schönfelder	S. 210f
	Gaarden			S. 214
	Gellen (I)			S. 198

Art.	Schiffsname	ex / Schiffstyp	ehemaliger Name	Seite
	Gellen (II)			S. 199ff
	Gellen	(Boddenkreuzer)		S. 215
	Georg			S. 30
	Germania (I)			S. 58ff
	Germania (II)	ex	Johanna	S. 73ff
	Glewitz			S. 35f
	Göhren	ex	Neuenfelde	S. 137ff
	Greif			S. 43ff
	Gustav von Haken	ex	Oberbürgermeister Wittig	S. 99f
	Hamburg			S. 171
	Hansa	ex	Herrmann	S. 98, 133ff
	Hansestadt Stralsund			S. 215
	Hebe			S. 67f
	Heidi (I)			S. 181ff
	Heidi (III)	ex	Breitling	S. 215
	Heimat			S. 119ff
	Hermann Theodor			S. 119
	Hertha			S. 55ff
	Hiddensee	(Motorboot)		S. 87f
	Hiddensee (I)	ex	Johann Schweffel	S. 89, 131ff
	Hiddensee (II)	ex	Jasenitz	S. 133f
	Hiorten			S. 9f
	Hobein			S. 155f
	Hoffnung			S. 181ff
	Insel Hiddensee	„Insel"		S. 146ff, 220
	Insel Hiddensee (II)			S. 215
	Irene Laack	ex	Thiessow	S. 138ff
	Johanna			S. 179ff
	Kama	ex	Prignitz	S. 80f
	Käpt'n Hook			S. 221, 226
	Karla			S. 30
	Karoline			S. 155f
	Kaszuba			S. 93f
	Käte			S. 69ff
	Kleine Freiheit			S. 224, 226
	Königin Elisabeth			S. 14ff
	Krebs			S. 125
	Kronprinz von Preussen			S. 11
	Lachs			S. 157ff
	Lenjoned			S. 16f
	Liebe			S. 136ff, 165ff
	Lilla Jägaren			S. 9
	Lily			S. 216ff
	Loreley			S. 136ff
Der	Löwe			S. 16
	Lumme			S. 66
	Mecklenburg			S. 215

Art.	Schiffsname	ex / Schiffstyp	ehemaliger Name	Seite
	Motala			S. 16
	Möwe	ex	Käte	S. 71f
	Möwe	(Dampfer)		S. 90
	Möwe	(Motorboot)		S. 185, 192ff
	Möwe II			S. 189
	Nautilus			S. 119ff
	Neuendorf			S. 204ff
	Oscar			S. 21ff
	Ostsee	ex	Sund Clipper	S. 212ff
	Ostseebad Zingst	ex	Min Herzing	S. 230
	Pionier			S. 145
	Pommerania			S. 21
	Posthornet			S. 9
	Prinz Carl			S. 11
	Prinz Heinrich			S. 26
	Putbus			S. 26ff
	Rassow-Libben			S. 204ff
	Recknitz			S. 215
	Ribnitz-Damgarten			S. 203f, 216ff
	Rügen	(Motorboot)		S. 87f
	Rügen (I)	(Trajekt)		S. 26ff
	Rügen (I)			S. 43ff
	Rügen (II)	(Trajekt)		S. 26ff
	Sassnitz			S. 26
	Schaprode (II)			S. 231
	Schill			S. 136
	Schnellfähre Rügen			S. 34f
	Schwalbe II			S. 191, 196
	Seeadler			S. 202f
	Seebad Ahlbeck			S. 197ff
	Seebad Binz			S. 197ff
	Seebad Juliusruh	ex	Schulau	S. 224, 226
	Seebad Warnemünde			S. 197ff
	Seebad Wustrow			S. 202
	Seebad Zingst			S. 197ff
	Seefalke			S. 202f
	Seehund			S. 157f
	Seeschwalbe			S. 140f, 202f
	Seewolf			S. 202f
	Snappup			S. 11
	Sowjetfreundschaft	ex	Direktor Ehmke	S. 169ff
	STA. 004 Lachs			S. 161
	Stadt Wismar			S. 204
	Stahlbrode			S. 35
	Sten Sture			S. 22ff
	Stephan			S. 232ff
	Stolzenfels			S. 175ff

Art.	Schiffsname	ex / Schiffstyp	ehemaliger Name	Seite
	Störtebeker			S. 108f
	Störtebeker	(Taxiboot)		S. 215, 245
	Str-148			S. 157
	Stralsund	(Seitenraddampfer)		S. 17ff
	Stralsund	(Trajekt)		S. 26ff
	Stralsund	(Fährschiff)		S. 42
	Stralsund	(Motorboot)		S. 87f
	Stralsund 26			S. 123
Der	Stralsunder			S. 197ff
Der	Strelasund			S. 51ff
	Strelasund	ex	Dievenow	S. 171f
	Strelasund	ex	Peene	S. 89
	Stubbenkammer			S. 109f
	Stubnitz			S. 183, 194ff
	Sturmvogel	ex	Eldena	S. 216, 218
	Sugo Bay			S. 216, 219
	Sundevit (I)	ex	Schilksee	S. 229
	Sundevit (II)	ex	Käpp'n Brass	S. 222, 227
	Swante			S. 175ff
	Swanti			S. 99ff
	Swanti	(Spezialschiff)		S. 234
	Swinemünde			S. 136
	Terschelling			S. 98
	Troheten			S. 12
	Vitte			S. 214, 245
	Vorwärts			S. 63ff
	Waage			S. 188ff
	Walter			S. 183
	Wappen von Breege (I)			S. 221ff
	Wappen von Breege (II)	ex	Altwarp	S. 221ff
	Wappen von Breege (III)			S. 225f
	Westerland			S. 175ff
	Wiking			S. 189, 196ff
	Wittow			S. 38ff

Wassertaxi Störtebeker in Vitte 2018, Foto: Susanne Rothe

Parkplatz und Fähre Vitte in Schaprode, 2015, Foto: Claus Rothe